财经类专业规划教材

校企双元开发、全程思政教育、工作手册式教材

基础会计实务

林　青　叶叔昌 ◎ 主　编

李　莲　陈　曦　宁进伟 ◎ 副主编

杨　毅　陈建国　汪安澜 ◎ 参　编

BASIC ACCOUNTING PRACTICE

上海财经大学出版社

图书在版编目(CIP)数据

基础会计实务/林青,叶叔昌主编. —上海:上海财经大学出版社,2023.9

(知行·财经类专业规划教材)

ISBN 978-7-5642-4244-2/F·4244

Ⅰ.①基… Ⅱ.①林…②叶… Ⅲ.①会计实务-教材 Ⅳ.①F233

中国国家版本馆CIP数据核字(2023)第169287号

□ 责任编辑 徐 超

□ 联系信箱 1050102606@qq.com

□ 封面设计 贺加贝

基础会计实务

林 青 叶叔昌 主 编

李 莲 陈 曦 宁进伟 副主编

杨 毅 陈建国 汪安澜 参 编

上海财经大学出版社出版发行

(上海市中山北一路369号 邮编200083)

网 址:http://www.sufep.com

电子邮箱:webmaster@sufep.com

全国新华书店经销

上海颛辉印刷厂有限公司印刷装订

2023年9月第1版 2023年9月第1次印刷

787mm×1092mm 1/16 15.5印张 377千字

印数:0 001—3 000 定价:56.00元

前　言

基础会计是职业院校会计类专业必修的一门专业基础课程，会计类专业后续专业课程都与基础会计有密切联系，都要运用基础会计中所讲授的基本原理和方法，它们的教学效果都受到基础会计的制约。因此，基础会计在会计类专业课程体系中具有核心和基础地位，其作用是其他课程不能替代的。

教材是体现教学内容和教学方法的载体，是实现人才培养目标的重要媒介，是教师组织教学的主要依据。教材质量直接影响到人才培养质量。为适应我国职业教育发展，满足职业院校会计类专业教学需要，我们开发了本教材。

作为教材，应当解决好“讲什么”和“如何讲”两个问题。

职业院校基础会计课程讲授哪些内容，应该根据基础会计课程的根本任务来确定。编者认为，职业院校基础会计课程的根本任务是教会学生掌握会计的基本原理和方法，了解会计体系架构，明确会计工作的基本内容和程序，训练最基本的会计技能，为后续专业课程奠定坚实基础。因此，本教材在内容选取上遵循四项原则：第一，讲授会计学科基础性的问题，如会计科目与账户、复式记账；第二，讲授会计课程共同性的问题，如账户设置、记账与结账；第三，讲授会计体系全局性的问题，如会计分类、会计制度；第四，讲授会计工作程序性的问题，包括会计工作全过程和年度、月份会计工作基本程序，以及业务事项的处理程序。

职业院校基础会计课程应该如何讲授？回答这个问题必须充分考虑职业教育的特性和要求。《中华人民共和国职业教育法》规定：“职业教育，是指为了培养高素质技术技能人才，使受教育者具备从事某种职业或者实现职业发展所需要的职业道德、科学文化与专业知识、技术技能等职业综合素质和行动能力而实施的教育。”要求“立德树人、德技并修，坚持产教融合、校企合作”。因此，职业院校基础会计课程应该依据会计工作进行讲授，怎么做就怎么教，怎么做就怎么学。习近平总书记强调“干中学、学中干，学以致用、用以促学、学用相长”。因此，我们以会计实际工作基本过程为序安排教学内容，将本教材定名为“基础会计实务”。

在讲授会计的基本原理和方法、展现会计工作基本过程时，必然要涉及经济业务和经济事项。经济业务和经济事项只是用来说明会计方法和会计处理过程，选取那些经常发生的基本业务和事项，不要求全面、完整，如筹资业务、利润分配业务不在这里讲授。讲授基础会计还要注意一个界限，即基础会计与财务（专业）会计及其他会计专业课程的界限，凡是财务

（专业）会计及其他会计专业课程要专门讲授的内容都不应过多涉及，只是在不可避免时进行简单处理和说明，如存货计价、固定资产折旧、财产清查。

本教材由校企双元开发，以学校资深教师为主体，企业深度参与。本教材以习近平总书记对全国职业教育所作的重要指示为指引，切实贯彻中共中央、国务院有关职业教育文件和全国职业教育大会精神，立德树人，全面融入思政元素，秉承现代职业教育理念，尊重教学规律，结合企业实际，与时俱进，根据职业院校学生的特点，瞄准职业院校会计专业人才培养目标，按照会计工作过程组织设计教学内容，全力推进"三教"改革，尽可能缩短学校教学与企业工作的距离。与其他同类教材相比，本教材具备以下特色：

（1）紧紧围绕教材主旨展开论述。本教材主要讲解会计的基本原理和方法、会计工作的基本内容和程序，对于应由其他课程讲解的内容进行了回避或简化处理，并做了提示。

（2）严格区分会计和出纳岗位职责。本教材以综合会计岗位为对象进行讲授，撇开了应由出纳岗位处理的事务，以便学生理解和把握会计和出纳岗位职责。

（3）根据会计工作内容设置教学内容。本教材以综合会计岗位的基本职责和主要工作内容作为教学内容，以会计实务为主线，知识传授、思政教育融入其中。

（4）配有完整的实训。本教材另有配套实训教材《基础会计实训》，真正实现"学中做，做中学"，教学做一体化，让学生通过动手操作理解和掌握会计理论和方法，用会计理论和方法指导实际操作，经过训练培养职业素质。

（5）选择典型企业，研究真实产品，设计逼真场景。本教材以一个小型企业为背景，选择学生熟悉的产品，对相关情况图文并茂进行介绍，让学生有身临其境的感觉，便于学生形象思维和探究，提高学生学习兴趣。

（6）内容连贯，过程完整。本教材全部内容是一个有机整体，环环相扣，前后衔接，从工作准备开始，直到建立会计档案，对会计工作全过程进行了详细说明，让学生明确会计工作思路和程序，知道核算数据的来源，对学生今后从事会计工作有指导意义。

（7）注重细节，方便学生自学。本教材对会计实际工作中常见的一些细节问题（如账簿换页、结账）进行了说明，对会计核算全过程进行了详细演示，力求做到让学生看得懂、会操作、能运用。

（8）与时俱进，更新教学内容。本教材不仅适应国家会计政策变化，而且紧跟企业会计工作发展，对相关内容进行即时更新，与企业保持同步。如企业现在很少使用现金和票据，本教材进行了相应处理。

为了方便叙述和操作，本教材使用"20×2 年"作为主要研究年份。"20×2 年"可以代指任何一个年份，其前一年为"20×1"年，后一年为"20×3"年。

本教材及配套资源由武汉船舶职业技术学院教师集体编写和开发，林青、叶叔昌任主编，李莲、陈曦、宁进伟任副主编，杨毅、陈建国、汪安澜参加编写和开发。四川省欧菲艾蒂家具有限公司参与了本教材开发，介绍了该公司会计工作基本过程，提供了公司管理制度和会计核算资料作参考素材，设计了产品生产流程，拟定了产品生产所需材料物资及其价格标准，并对教材编写提出了一些有价值的建议。

武汉船舶职业技术学院建成了基础会计实务在线开放课程，并不断地进行更新，网址为https://www.xueyinonline.com/detail/227909402，读者可以参考。

限于编者的水平，本教材一定存在不少的错误和缺陷，恳请读者不吝赐教，意见和建议敬请发至 yshc2000@126.com 邮箱。

编 者

2023 年 6 月

目　录

引　例

学习目标：

1. 初步了解本教材的研究对象，熟悉其厂区布局和产品。

2. 理解会计的概念、职能和会计假设，了解会计的分类、会计机构与会计岗位。

3. 端正态度，认识会计工作的重要性，爱岗敬业，愿意努力学习会计知识、掌握会计技能，为即将开始的工作和学习做好心理准备。

武汉楚风家具有限公司成立于20×0年，位于武汉市楚风路1号，是一家小型私营生产型企业，目前生产经营“楚风”牌桌子和椅子。

图0—1为武汉楚风家具有限公司20×2年初的厂区布局。正面看去，正中是公司大门和门卫室，左边深色屋顶房屋是材料和成品仓库，右边白色楼房是公司行政办公楼，正前面长排深色屋顶房屋左边是油漆车间，右边是制作车间，四周是围栏。公司依山傍水，环境优美。

图0—1　武汉楚风家具有限公司20×2年初的厂区布局

图 0—2 为武汉楚风家具有限公司目前生产的产品——“楚风”牌桌子和椅子。桌椅成组生产、成组销售，每组由 1 张桌子、4 把椅子组成。

图 0—2　武汉楚风家具有限公司的产品

武汉楚风家具有限公司专设财务部，负责公司的会计核算和财务管理。财务部目前设有部长、会计和出纳 3 个岗位。

让我们充当武汉楚风家具有限公司的会计（本教材以“李明”代替），完成该公司 20×2 年的会计核算及相关工作。为方便起见，在以后的叙述中“武汉楚风家具有限公司”简称“楚风公司”。

我们应当充分认识会计工作的重要性，激发学习动力，端正学习态度，明确学习目标，为即将开始的工作和学习做好心理准备。

相关知识与说明

一、会计的概念

会计的发展过程与发展趋势

“会计”一词在不同情况下有不同的含义，它可以指一项工作（或一个岗位）、一种职业（或职务）、一门学科、一个专业。

（一）会计工作

作为一项工作，会计是以货币为主要计量单位，以提高经济效益为目标，运用专门方法对特定单位或组织经济活动所引起的资金运动进行连续、系统、全面的反映和监督，并向有关方面提供所需要信息的一种经济管理活动。

会计是一个信息系统，会计从相关部门和人员那里取得经济活动信息，通过一系列的加工、整理，以货币形式将一个单位的资金运动过程及其结果信息化（成为会计信息），并向有关方面提供所需要信息。每个单位的会计部门都是这个单位的信息中心，它掌握着本单位绝大部分经济活动信息和全部资金运动信息。

会计工作对各单位、行业、地区和国家都有重要意义。会计工作可以让各单位、行业、地区和国家摸清“家”底，认清自己，以便切合实际地确立目标，制订策略，脚踏实地地开展经济活动。会计工作可以监督各单位、行业、地区和国家经济活动的规范性，及时知晓经济活动的效果，以便适时进行调整，实现预期目标。

（二）会计职业

职业是参与社会分工，利用专门的知识和技能，为社会创造物质财富和精神财富，获取合理报酬，作为物质生活来源，并满足精神需求的工作。

会计是社会不可缺少的重要职业，会计职业可分为两种，一种是为单位从事会计工作，另一种是为社会提供会计服务。

每个单位都在进行经济活动，都需要通过会计工作把资金运动过程及其结果反映出来，都需要聘用会计人员，这种会计职业是为一个单位进行会计工作。

会计服务是由会计专业人员或专业机构为各类企业或其他单位提供会计咨询、代理记账、纳税申报、人员培训等方面的服务，解决财务、税务、工商等方面问题。

（三）会计学

会计学是以社会再生产过程中的资金运动为研究对象，以货币为主要计量单位，以提高经济效益为目标，研究如何对经济活动所引起的资金运动进行连续、系统、全面的反映和监督，在此基础上对经济活动进行分析、预测、决策和控制的一门应用学科。

社会再生产过程是由生产、分配、交换和消费四个相互关联的环节所构成，社会再生产过程由政府、企业、事业单位、社会团体、个人或家庭等社会成员共同参与。每个社会成员的经济活动都需要资金支持，都有资金运动，会计就是研究个人和家庭之外社会成员的资金运动，政府、企业、事业单位和社会团体都是会计的服务对象。

会计学是经济学与管理学的交叉科学。中国国家质量监督检验检疫总局、中国国家标准化管理委员会在《中华人民共和国学科分类与代码国家标准(GB/T 13745－2009)》中将会计学列为经济学分支（代码 790.37），国务院学位委员会、教育部在《学位授予和人才培养学科目录(2011 年)》中将会计学列为管理学分支（代码 1253）。

（四）会计专业

会计专业（有各种具体名称）是高等学校或中等专业学校开设的，培养会计专门人才的学业门类。

职业院校会计专业培养具有诚信、敬业的良好职业素质，熟悉国家经济法律法规，掌握会计理论与会计实务的技术应用型专门人才。

二、会计的职能

会计职能就是会计在经济管理中所具有的功能，分为基本职能和其他职能。

(一)会计的基本职能

会计具有反映和监督两项基本职能。反映职能也称核算职能，是指会计以货币为主要计量单位，通过确认、记录、计算、报告等环节，对会计主体的经济活动进行记账、算账和报账，向有关方面提供会计信息的功能。监督职能是指会计机构和会计人员依照法律的规定，通过会计手段对本单位经济活动的合法性、合理性和有效性进行的一种内部监督。会计人员应根据国家的财经政策、会计法规，利用会计所提供的信息，对会计主体经济活动进行全面的监督和控制，使其达到预期目标。

会计核算是会计监督的基础，没有核算就无从监督，会计监督是会计核算的保证，没有监督，核算就难保真实。核算和监督相辅相成，共同发挥作用。

(二)会计的其他职能

会计由基本职能派生出评价、预测和决策等职能。会计评价是指会计人员运用会计核算结果，对照相关的经济指标评价一个单位或部门的经营业绩；会计预测是指会计人员运用会计所形成的历史资料，采用一定的方法对某方面经济前景进行预测；会计决策是会计人员为了解决企业资金运动过程中所面临的问题而制定和选择活动方案的过程。

三、会计的分类

会计学科体系庞大，可以根据不同的标准划分成不同的类别。

(一)按照服务对象的不同划分

在会计的服务对象中，企业是一种营利性组织，政府、事业单位和社会团体都是非营利性组织。营利性组织与非营利性组织的资金运动有很大不同，会计反映和监督的内容因此不同，进而导致会计核算使用的方法和遵循的原则也不同。因此，会计按照服务对象的不同，分为企业会计和政府与非营利组织会计。

按照企业所处的行业不同，企业会计还可分为工业企业会计、商品流通企业会计、交通运输企业会计、农业企业会计、施工企业会计、房地产开发企业会计、服务企业会计、邮电通信企业会计、金融企业会计等。通常情况下，企业会计讲述的是工业企业会计，金融企业会计分为商业银行会计和保险企业会计，其他企业会计合为行业会计。

(二)按照职能的不同划分

会计按照职能的不同划分为财务会计和管理会计。财务会计以传统会计为主要内容，以货币为主要计量单位，以提高经济效益为目标，运用专门方法对特定单位或组织的经济活动所引起的资金运动进行连续、系统、全面的反映和监督，并向有关方面提供所需要信息，它主要是事后的反映监督。管理会计利用财务会计提供的信息及其他有关资料，运用数学和统计学等方法，通过整理、计算、对比和分析，向单位内部各级管理人员提供经营活动所需信息，它是事前的规划和事中的控制。

财务会计和管理会计是现代企业会计的两大分支。反映和监督是财务会计的职能，评价、预测和决策是管理会计的职能。

根据财务会计的概念，企业会计和政府与非营利组织会计都属于财务会计，但财务会计一般讲述金融企业以外的企业会计。管理会计目前主要在企业中运用。

（三）按照讲述内容的不同划分

会计按照讲述内容的不同，一般可以分为基础会计（也称会计学原理，有的称初级会计，但初级会计包括部分财务会计内容）、财务会计（有的称中级会计）、成本会计、特种会计（有的称高级会计）和管理会计等。

基础会计主要讲述会计核算的基本理论、方法和过程，旨在建立会计架构，一般以企业为背景进行讲述。财务会计是以会计基本理论为指导，对企业各种经济业务事项进行核算，重在说明企业各种经济业务事项的会计处理方法。成本会计专门讲述企业（主要是工业企业）成本核算和分析的方法。特种会计讲述企业在非常情况下经济业务事项和特殊经济业务事项的会计处理方法。

高等院校和中等学校根据人才培养目标要求，遵从教学规律，一般按照讲述内容的不同设置会计专业课程。

（四）按操作方式的不同划分

会计按操作方式的不同划分为手工会计和电算化会计（现在一般称信息化会计，这里是从操作方式角度来看，并与手工会计相对）。手工会计只借助于简单的计算工具，完全依靠手工完成会计核算工作。电算化会计借助于计算机和专门的会计核算软件完成会计核算工作，有些工作在会计人员的操纵下由计算机完成。

手工会计能全面展现会计基本工作过程，有利于学习者深刻理解会计基础理论和方法。手工会计是初学会计者不可跨越的阶段。

电算化会计可以减轻会计人员工作负担，提高工作效率，运用得越来越普遍。目前，电算化会计与单位经济活动管理日益融合，业（务）财（务）一体，两者相互支持，信息共享，成为一个有机整体，称为会计信息化。如企业的材料采购、产品生产和产品销售等各种业务管理所产生的电子单据通过网络传递到企业财务部门，企业财务部门可以自行打印这些单据，并据此进行会计核算，会计核算的信息提供给各业务管理部门，供他们进行业务决策参考。

四、会计机构与会计岗位

根据《中华人民共和国会计法》（以下简称《会计法》）的规定，各单位应当根据会计业务的需要,设置会计机构,或者在有关机构中设置会计人员并指定会计主管人员;不具备设置条件的,应当委托经批准设立从事会计代理记账业务的中介机构代理记账。会计机构和会计人员是会计工作的主要承担者。

(一)会计机构

会计机构指的是办理会计事项或管理会计工作的专门机构。

我国会计机构包括主管会计工作的机构、业务主管部门的会计机构和单位的会计机构。国务院财政部门是主管全国会计工作的机构,地方各级人民政府的财政部门是主管该地区会计工作的机构。业务主管部门的会计机构组织、领导和监督所属单位的会计工作。单位的会计机构是单位内部设置的、专门办理会计事项的机构。企业会计机构的名称通常叫做“财务部(科或处)”。会计机构的工作人员也称为财务人员,他们在财务管理方面也有一定职责。

(二)会计岗位

会计岗位是设置在会计机构或相关机构中从事会计工作的岗位,各单位应根据规模大小和业务特点设置会计岗位。不同企业的会计岗位设置不同,各岗位的职责也不一致。可以一人一岗,也可以一人多岗,还可以一岗多人。

规模较大的企业一般设置会计机构负责人(或会计主管)、总账会计、成本会计、薪酬会计、税务会计、出纳等岗位。会计机构负责人(或会计主管)属于领导岗位,具体管理本单位的会计工作和本部门的人事工作,有的也从事一定的业务工作。其他会计岗位属于业务岗位,专门从事某方面会计工作。规模很小的企业一般只设置会计和出纳两个岗位,这时会计负责企业各种经济业务和经济事项的会计核算。

出纳也是一个会计岗位,主要职责是管理资金和票据,正如人们常说的“会计管账,出纳管钱”,会计和出纳相互配合,相互牵制。出纳与其他会计岗位有显著差别,因此,有时会计是指出纳以外的会计岗位。

需要指出的是,本教材主要讲述的会计工作是出纳以外会计岗位的工作,但本教材所讲述的会计理论和方法适用于出纳岗位。

五、会计假设

会计假设

进行会计核算,必须明确会计假设。会计假设也称会计核算前提,是对会计核算所涉及的空间、时间和基本方法进行的合理设定。会计假设是会计确认、计量、记录和报告的前提和基础,是会计核算必须遵守的最基本原则。

(一)会计主体假设

会计为之服务的特定单位或组织谓之会计主体。会计主体为会计工作划定了空间范围,即凡是引起会计主体资金运动的经济活动都要进行反映和监督,反过来,凡是与会计主体无关的经济活动都不在会计反映和监督范围内。

会计主体可以是一个法律主体，也可以不是一个法律主体，但一个法人单位一定是一个会计主体。

（二）持续经营假设

正常情况下，会计主体的经济活动会按照既定目标持续进行下去，在可以预见的将来不会面临破产清算，这称作持续经营。

会计主体处于正常情况下和非正常情况下所遵循的会计核算原则和所用的会计核算方法是不同的。持续经营假设为会计核算划定了时间范围，保证了会计核算遵循原则和所用方法的稳定性。

（三）会计分期假设

持续经营是一个相当长的过程，为了适时反映会计主体的财务状况和经营成果，向有关方面提供所需要的信息，需要将这个过程人为划分成一些时间段落，这就是会计分期，每一个时间段落称为一个会计期间。

年度是最基本的会计期间，称为会计年度。《会计法》规定：会计年度自公历1月1日起至12月31日止。年度以下，还可以分为半年、季度和月份。企业开业的当年和企业清算的当年分别以实际经营时间为一个会计年度。

（四）货币计量假设

会计要对经济活动所引起的资金运动进行量化反映，这就需要用货币计量。如果会计主体有多种货币收支，应当选择一种货币作为记账本位币，其他货币都要折算为记账本位币反映。《会计法》规定：会计核算以人民币为记账本位币，业务收支以人民币以外的货币为主的单位，可以选定其中一种货币作为记账本位币，但是编报的财务会计报告应当折算为人民币。

会计核算必须用货币计量，以货币为主要计量单位反映资金运动。但会计核算的过程和结果有时也会用到实物和劳动量计量单位。

项目一

进行工作准备

学习目标：

1. 熟悉企业内外与会计工作相关的情况，牢记会计岗位主要职责和工作内容，为进行会计工作做准备。

2. 认识工业企业经营过程与资金运动，深刻理解会计要素、会计等式与借贷记账法，熟悉会计凭证与账簿，掌握会计科目、会计账户等有关概念，了解我国会计制度。

3. 培养调查研究，遵纪守法，勤于学习的工作作风，增强对中国优秀传统文化的热爱和自信。

任务清单

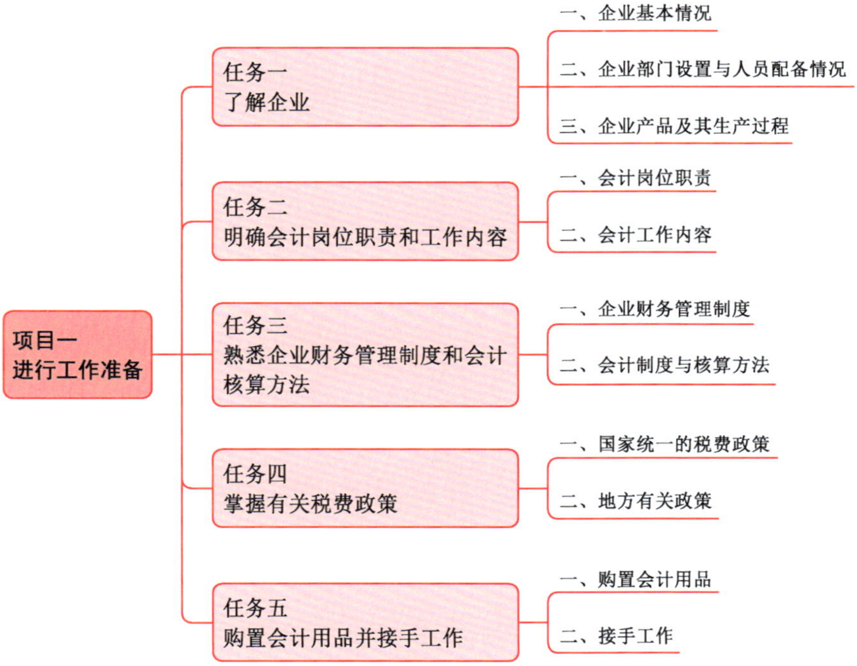

任务一 了解企业

准备上岗了，我们应当先对企业作一番了解，以便于工作。需要了解的情况包括企业基本情况、部门设置与人员配备情况、产品及其生产过程等方面。调查研究是做好各项工作的基础，是中国共产党取得中国革命和社会主义建设胜利的法宝，我们应当认真学习，深入实践。

一、企业基本情况

企业基本情况主要是企业的登记信息、增值税纳税人身份、银行开户情况、治理结构和主要负责人。我们可以通过不同的方法了解楚风公司的基本情况。

（一）企业的登记信息

设立企业必须依法到政府相关管理部门进行登记，取得相应的证照。图1—1是楚风公司的营业执照。从中我们知道楚风公司的名称、类型、住所、法定代表人、注册资本、成立日期、营业期限、经营范围和统一社会信用代码等登记信息。

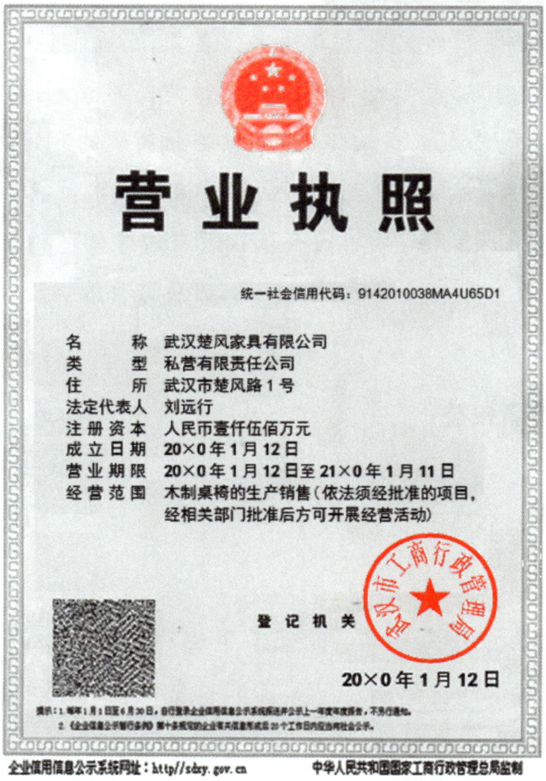
营业执照

统一社会信用代码：9142010038MA4U65D1

名　　称　武汉楚风家具有限公司
类　　型　私营有限责任公司
住　　所　武汉市楚风路1号
法定代表人　刘远行
注册资本　人民币壹仟伍佰万元
成立日期　20×0年1月12日
营业期限　20×0年1月12日至21×0年1月11日
经营范围　木制桌椅的生产销售（依法须经批准的项目，经相关部门批准后方可开展经营活动）

登记机关　武汉市工商行政管理局

20×0年1月12日

提示：1. 每年1月1日至6月30日，自行登录企业信用信息公示系统报送并公示上一年度年度报告，不另行通知。
2.《企业信息公示暂行条例》第十条规定的企业有关信息应当在形成之日起20个工作日内向社会公示。

企业信用信息公示系统网址：http//sdxy.gov.cn　　中华人民共和国国家工商行政管理总局监制

图1—1 楚风公司的营业执照

相关知识与说明

一、企业登记与法定代表人

设立企业必须依法进行登记，确定企业的法定代表人。

（一）企业登记

企业设立时必须向所在地工商行政管理部门登记，取得工商营业执照。营业执照是企业从事生产经营活动的资格证明。企业应在营业执照载明的经营范围内从事生产经营活动，超出营业执照载明的经营范围属于非法经营。

企业登记

企业还应向其他政府部门进行登记。

（二）法定代表人

具有民事权利能力和民事行为能力，依法独立享有民事权利和承担民事义务的组织称为法人。一个完整的企业在法律上具有法人资格，称为企业法人。企业法人就像自然人一样依法独立享有民事权利和承担民事义务，行使民事权利，做出民事行为。

企业在设立登记时必须明确某人为其法定代表人，企业的法定代表人一般是该企业最高行政领导。法定代表人代表企业行使民事权利，履行民事义务。在对外关系上，法定代表人依据法律、法规和企业制度的规定，以企业名义所从事的行为，即视为企业行为，应当由企业承担相关法律责任。其与法人之间不是代理关系，而是代表关系，且其代表职权来自法律的明确授权。发生法律纠纷时，法定代表人有权直接代表企业向法院起诉和应诉，其所进行的诉讼行为，就是企业的诉讼行为，直接对企业发生法律效力。

法人代表与法定代表人

二、注册资本与所有者权益

每个企业都有投资人。投资人应当向企业出资，在工商行政管理部门登记注册资本，并因此对企业享有所有者权益。

（一）注册资本

投资人投入企业的资金称为资本。企业从事生产经营活动，必须有“本钱”，“本钱”只能由企业的投资人提供。设立企业之前，投资人应当就出资问题达成协议或在公司章程中予以明确，确定每个投资人的出资额，即投资人认缴出资额。企业在工商行政管理部门登记的、全体投资人认缴出资额总和为企业的注册资

注册资本与实收资本

本。全体投资人实际缴纳的认缴出资额(不包括在认缴出资额之外的出资)总和为企业的实收资本。

实收资本是所有者权益(在公司称股东权益)的基础和重要组成部分。

(二)所有者权益

企业的投资人(在公司称股东)共同拥有企业,是企业的所有者,可依法行使一定的权利,享有相应的权益。《中华人民共和国公司法》(以下简称《公司法》)明确规定:"公司股东依法享有资产收益、参与重大决策和选择管理者等权利。"

权益与权利

所有者权益是一个会计专用术语,是指所有者对企业资产所享有的权益,包括所有者投入的资本和企业通过经济活动产生的、由所有者依法享有的资产收益。

(二)企业的增值税纳税人身份

每个企业都是增值税的纳税义务人,增值税纳税义务人分为一般纳税人和小规模纳税人,两者的计税方法和会计核算方法有所不同。我们可以了解到楚风公司目前是增值税一般纳税人。

相关知识与说明

按照现行增值税政策,楚风公司销售产品应当缴纳增值税,是增值税的一般纳税人,采用抵扣法计税,就当月销项税额抵扣进项税额后的余额纳税。

增值税为价外税,不包括在销售额之内,一般由购买方承担。增值税一般纳税人销售商品时向购买方收取的增值税为销项税额,购进货物、接受应税劳务或服务时承担或支付的增值税为进项税额。

增值税一般纳税人增值税有关计算公式为:

销项税额=销售额×税率

应纳税额=当月销项税额-可抵扣的进项税额

楚风公司销售产品适用的增值税税率为13%,取得的增值税专用发票上列明的增值税额(进项税额)都可以抵扣。

有关增值税的知识请查阅税收法规书籍。

（三）银行开户情况

每个企业都要在银行开设存款账户，银行存款账户由出纳负责管理。我们可以从出纳那里了解到楚风公司目前只在中国工商银行楚风支行开设了基本存款账户，账号为62230286123618。

相关知识与说明

按照国家现金管理和结算制度的规定，每个企业都要在银行开立账户，用来办理存款、取款和转账结算。银行存款账户分为基本存款账户、一般存款账户、临时存款账户和专用存款账户，每个企业都必须开设一个基本存款账户，且只能开设一个基本存款账户，其他存款账户可根据需要开设一个或多个。基本存款账户可用来办理各种结算业务，功能全面，其他账户的功能都有一定局限性。

（四）公司治理结构和主要负责人

现代企业一般组建为公司，公司制企业都设有股东（大）会、董事会、监事会和管理层等机构。会计人员经常要向企业有关机构和负责人报告企业财务状况和经营成果，应当知悉公司治理结构和主要负责人。我们可以通过查阅公司章程了解楚风公司的治理结构，通过财务部经理介绍知道楚风公司董事长是刘远行，总经理是张开新。

相关知识与说明

公司治理结构是公司所有权与经营权基于信托责任而形成相互制衡关系的结构性制度安排，包括股东（大）会、董事会、监事会和管理层等机构。《公司法》对股东（大）会、董事会、监事会和管理层（经理）的职权和议事规则作了规定，公司章程也必须进行具体说明。这方面的知识请查阅经济法书籍。

二、企业部门设置与人员配备情况

会计工作需要相关部门和人员配合，我们应当了解企业设置了哪些部门，各部门有哪些主要职责，人员配备情况如何。掌握了这些情况，我们就清楚记录经济业务的原始凭证从何而来，由谁提供给我们。

（一）企业部门设置及其主要职责

在财务部，我们可以查看到楚风公司的管理制度文件，从中可以了解到该公司部门设置情况。楚风公司目前设有行政办公室、技术品质部、财务部、供应部、销售部、制作车间、油漆车间和仓库等部门。楚风公司的管理制度规定了各部门的主要职责。

楚风公司各部门的主要职责

（二）部门人员配备情况

我们还可以通过财务部部长的介绍了解各部门人员情况。表1－1是楚风公司20×2年初职工名单，我们可从中了解公司各部门人员配备情况，熟悉经常与我们联系的人员。

表1－1　　楚风公司20×2年初职工名单

部　门	人　员	职　务	部　门	人　员	职　务
行政办公室（10人）	刘远行	董事长	财务部（3人）	钱必清	部长
	张开新	总经理		李　明	会计
	何　久	主任		王　丽	出纳
	范　文	秘书	供应部（2人）	郭尚明	部长
	魏　明	人事主管		周　林	采购员
	吴汉华	后勤主管	销售部（2人）	赵　伟	部长
	安　泰	司机		王　拓	销售员
	梁　卫	门卫	制作车间（65人）	王福生	主任
	严　进	门卫		李　斌	干事
	艾　洁	清洁工	油漆车间（17人）	李元庆	主任
技术品质部（2人）	高　能	部长		刘　阳	干事
	龚　正	干事	仓库（1人）	张　强	保管员

注：生产车间工人名单省略。

相关知识与说明

企业各部门、各类人员在其工作中会发生许多经济业务，并通过原始凭证反映出来，这些经济业务引起企业资金运动，是会计处理的基本单元。

一、经济业务

企业各项工作都要围绕企业经营目标展开，企业的经营过程由一系列经济活动组成。企业的经济活动有外部经济往来，如购买材料、销售产品，也有内部经济往来，如生产车间从仓库领用材料、将完工产品交存仓库。会计上把引起资金运动的经济活动称为经济业务(简称业务)。各项经济业务都是经济活动,但并非所有的经济活动都是经济业务,有的经济活动不引起资金运动,如订立购销合同、制订经营计划。

与经济业务相关的另一个概念是经济事项(简称事项)。经济事项是指在企业发生的具有经济影响,需要在会计上予以确认的各类事项。经济事项和经济业务合称经济业务事项(简称业务事项)。

二、原始凭证

原始凭证,也称原始单据,是在经济业务发生或完成时填制或取得的,记录经济业务内容,明确经济责任,具有一定法律效力的书面证明。原始凭证是会计凭证的一个类别,是会计核算的依据。

会计人员在会计核算(特别是处理经济事项)时经常需要编制一些计算表格,如产品成本计算表、工资分配表、税费计提表。这些表格用以说明或佐证会计处理结果,可视为原始凭证。

与原始凭证相关的另一个概念是原始记录。原始记录是在事件发生或完成时所做的最初的数字或文字记载,是未经过加工整理的第一手资料,如会议纪要、工作检查记录、考勤表、购货发票、领料单、产品出库单等。有的原始记录不作为会计核算的原始凭证,如会议纪要、工作检查记录、考勤表等;有的原始记录应作为会计核算的原始凭证,如购货发票、领料单、产品出库单等;有的原始记录可经汇总后作为会计核算的原始凭证,如根据领料单统计出的材料领用汇总表、根据产品出库单统计出的产品出库汇总表。

三、企业产品及其生产过程

进行会计核算,必须熟悉产品及其生产过程。我们应当到仓库和生产车间进行实地察看,了解企业生产哪些产品,用到哪些原材料,产品是如何生产出来的。

(一)产品和原材料

1. 产品

楚风公司现在生产的产品是桌子和椅子,参见引例中图 0—2。我们在仓库里面可以看到已经制造完工的产品。

楚风公司生产的桌子由 1 张桌面、4 只桌脚、4 块撑板和 2 根钢条构成。桌面用几块木板拼制而成,桌脚与撑板之间采用榫卯方法连接,桌面板与左右撑板通过钢条连接。钢条位于桌面板下面,用螺钉固定。楚风公司生产的椅子由 2 只前脚、2 只后脚、1 块座板、1 根横梁和 10 根撑档构成。座板由几块木板拼制而成，用螺钉固定在撑档上，其余部分采用榫卯方法连接。

榫卯方法是在几个构件上采用凹凸部位相结合的一种连接方式，凸出部分叫榫（或叫榫头），凹进部分叫卯（或叫榫眼、榫槽），将凸出部分插入凹进部分。其特点是在物件上不使用钉子和其他金属件。

榫卯工艺

榫卯方法是中华民族的一项伟大发明，它广泛运用于中国传统木制建筑、家具及其他器械中。我们应为中华民族的这一灿烂文化感到骄傲。

2. 原材料

楚风公司生产的桌椅主要用原木制作，还用到钢条、腻子、油漆、螺钉，桌椅制作完成后用包装纸和包装绳进行包装。在仓库里面我们可以看到楚风公司的各种原材料，如图 1—2 所示。

(1)原木

(2)钢条

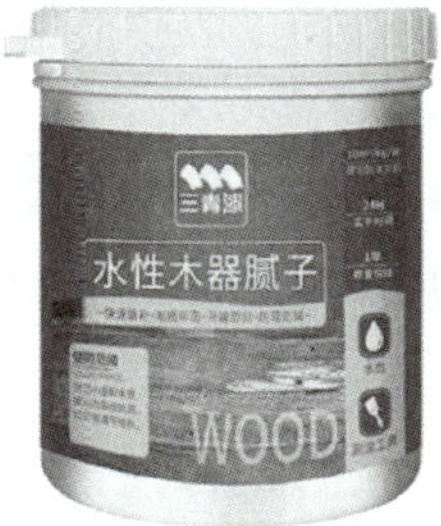

(3)腻子

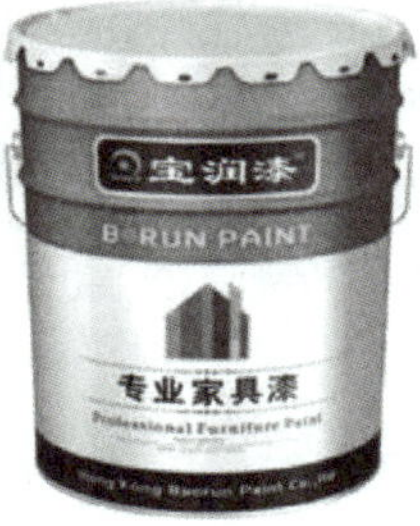

(4)油漆

(5)螺钉

(6)包装纸

(7)包装绳

图 1—2　楚风公司的原材料

相关知识与说明

一、原材料

会计中将存放在仓库中用于制造产品的物料称为原材料(简称材料)。工业企业必须储备一定数量的原材料以满足生产需要。工业企业的原材料分为原料及主要材料、辅助材料、半成品、燃料、修理用备件和包装材料(包装物)等。

1. 原料及主要材料

原料及主要材料指经过加工后可以构成产品主要实体的各种物料。一般将加工后改变了化学、生物学性质的物料称作原料,它通常不能从产品实体中辨认,如生产洗涤用品用的脱脂剂、酿酒用的粮食;将加工后只是形状、大小改变的物料称作主要材料,它能从产品实体中辨认,如钢材、木材。

2. 辅助材料

辅助材料指产品生产过程中需要用到但耗用量很少的各种物料。辅助材料可以构成产品实体,如食品中的调味品,也可能不构成产品实体,如维护生产设备用的润滑油。

3. 半成品

半成品分为自制半成品和外购半成品。自制半成品是指经过一定生产阶段但未成为最终产品的物品,属于中间产品,它可以进一步加工成最终产品,也可以作为产品对外销售,如汽车公司自己生产的发动机。外购半成品指从企业外部购进的、已加工成型但未成为最终产品、需要企业进一步加工或组装的物品,如汽车公司购进的发动机。半成品可归为原料及主要材料类。

4. 燃料

燃料指在生产过程中用来燃烧的材料,包括固体、液体和气体燃料,如煤炭、汽油、天然气等。燃料不构成产品实体,是产品生产的条件,通常与电力合称“燃料和动力”。燃料与辅助材料不同之处是它的耗用量较大。

5. 修理用备件

修理用备件指为修理房屋设施、机器设备和工具器具而储备的物资,也称修理材料。房屋设施有些地方容易毁坏或需要调整,如电线、水管,机器设备和工具器具有些零件容易磨损或脱落,如轴承、螺栓等,为提高修理效率,企业会储备一些这样的物资。

6. 包装材料

包装材料是指为包装产品而储备的各种包装容器和材料,如桶、箱、瓶、袋、纸、绳等。一般用包装材料，如纸张、麻绳、铁皮等，也可归入辅助材料类。

不同工业企业因生产的产品不同，所需材料千差万别，同一种材料在不同的企业中有不同的用途。各企业应根据具体情况，按不同的标准对材料进行分类。

二、库存商品

企业存放在仓库里面的产品会计上称为库存商品。库存商品是指已完成全部生产过程并已验收入库，可以对外销售的产品，以及外购或委托加工完成验收入库用于销售的各种商品。

企业产品生产完工后，须按照规定的技术标准和质量要求进行检验，检验合格才能办理入库手续。经检验不合格的产品，根据具体情况进行处理，有返修、报废、作为次品降价出售等处理办法。

(二)产品生产过程

楚风公司产品的生产先后在制作车间和油漆车间进行，制作车间负责桌椅的制作，油漆车间负责桌椅的油漆包装。

在制作车间，我们可以看到，工人们从仓库领出原木、钢条和螺钉，按照设计尺寸将原木和钢条裁成桌椅零件毛坯，接着将零件毛坯加工成型，最后组装成桌子和椅子，移交给油漆车间。图 1—3 和图 1—4 分别是原木下料和零件加工的一个瞬间。

原木下料

图 1—3 原木下料

图 1—4　零件加工

在油漆车间，我们看到工人们从仓库领出腻子、油漆、包装纸和包装绳，先用腻子和油漆对桌椅进行油漆，然后将油漆好的桌椅用包装纸和包装绳包装起来送入仓库。图 1—5 是一名工人对桌面进行油漆。

图 1—5　油　漆

相关知识与说明

产品生产需要有厂房和机器设备。厂房和机器设备主要在开业前建造、购置，是企业的重要生产资料，会计中列为固定资产。《企业会计准则第 4 号——固定资产》指出："固定资产是指同时具有下列特征的有形资产：(1)为生产商品、提供劳务、出租或经营管理而持有的;(2)使用寿命超过一个会计年度。”而《政府会计准则第3号——固定资产》指出:“固定资产是指政府会计主体为满足自身开展业务活动或其他活动需要而控制的,使用年限超过1年(不含1年)、单位价值在规定标准以上,并在使用过程中基本保持原有物质形态的资产。”显然,《政府会计准则》对固定资产的定义较为全面。固定资产单位价值的“规定标准”现在没有统一规定,可由企业确定具体标准。

工业企业的固定资产一般分为房屋建筑物、机器设备、运输工具、工具家具和电子设备等类别。

楚风公司的产品生产可以概括为图1—6所示的产品生产流程。

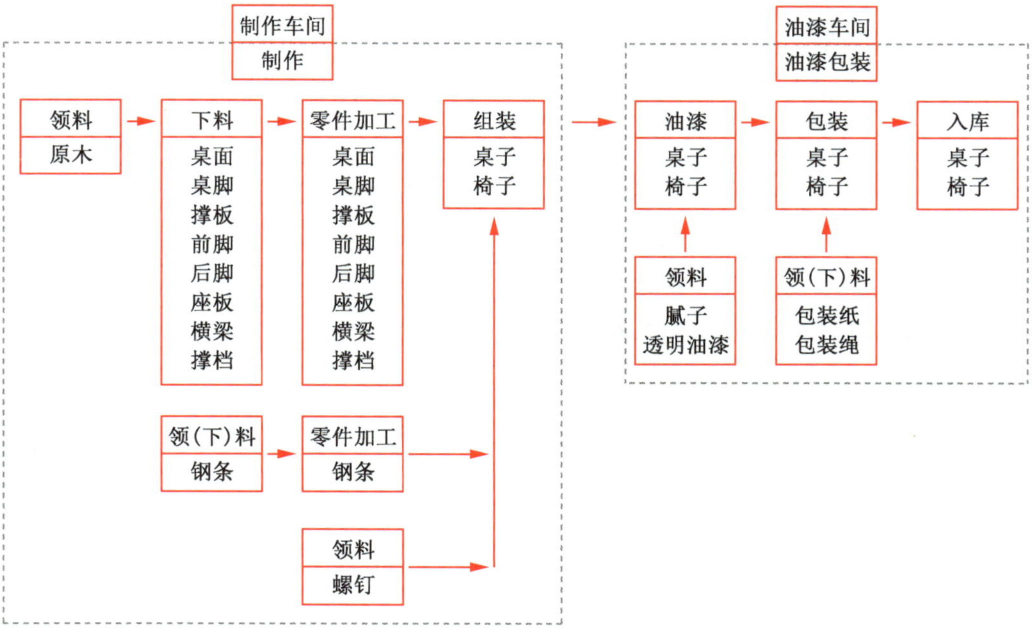

图1—6 楚风公司产品生产流程

相关知识与说明

一、工业企业经营过程与资金运动

会计以社会再生产过程中的资金运动为研究对象,不同经济组织的资金运动有所不同,以工业企业的资金运动最具特点，表现最为全面，因此，会计从工业企业开始研究。

(一)工业企业经营过程

工业企业经营过程可划分为供应、生产和销售(简称供、产、销)三大环节。在市场经济条件下，企业应当以销定产，以产定供。

1. 供应

供应是为生产提供劳动工具和劳动对象的过程。在供应过程中，企业需要使用货币资金购买各种生产设备、工具器具、原材料等。供应为生产服务，是工业企业经营的基础环节。

企业通常设置专门的供应部门，负责各类物资的采购。

2. 生产

生产是产品的制造过程。在生产过程中，企业需要组织生产工人，由生产工人运用生产设备、工具器具，按照生产流程和技术标准把原材料加工成产品。生产为销售服务，是工业企业经营的中心环节。

企业会根据规模大小、产品品种及其特点设置生产车间，进行产品生产。

3. 销售

销售是企业销售产品取得收入的过程。在销售过程中，企业需要建立销售渠道，将生产出来的产品销售给中间商、用户或消费者，销售是企业实现利润的手段，是工业企业经营的关键环节。

企业通常设置专门的销售部门，负责产品销售的各项工作。

(二)资金形态与资金运动

企业的经营过程就是资金的运动过程。资金在运动中会不断地变化形态，表现出一定的规律性。

工业企业资金运动过程

1. 资金形态

资金可以不同的形态存在，可以是货币形态，称为货币资金，也可以是实物形态，如原材料、在产品、产成品(库存商品)、房屋和机器设备。

原材料是企业为生产产品而储备的物资，原材料的价值是企业取得原材料所付出的代价，包括买价、运杂费等。原材料是资金存在的一种形态，称为储备资金。

在产品是处于生产过程中的产品，耗费了一定的材料、人工和其他费用，还有固定资产的转移价值，具有一定价值。在产品也是资金存在的一种形态，称为生产资金。

产成品是已经生产完工，存放在仓库中可以对外销售的产品，产成品的价值是企业生产产品所付出的代价。产成品同样是资金存在的一种形态，称为成品资金。

房屋和机器设备是企业的固定资产，其价值是企业购置或建造时所付出的代价。房屋和机器设备可以长期使用，其价值在使用期间逐步转移到产品中，是资金存在的一种特殊形态，称为固定资金或长期资金。

2. 资金运动

工业企业用货币购买原材料，将原材料投入生产，制造出产品，然后销售产品取得收入，资金形态在不断发生变化，由货币资金到储备资金、生产资金、成品资金，最后回到货币资金。这 4 种资金形态循环运动，叫做资金循环，周而复始的资金循环叫做资金周转。

资金循环是资金运用的表现，整个企业的资金运动还应该包括资金的投入和资金的退出。资金的投入是指资金进入企业，包括所有者的资金投入和债权人的资金投入。资金的退出是指资金脱离企业的资金循环和周转，包括偿还债务(本金和利息)、缴纳税费、向所有者分配利润等。资金的投入、运用和退出是资金运动的三个阶段，三者相互支撑，构成一个统一体。图 1—7 是工业企业资金运动示意图。

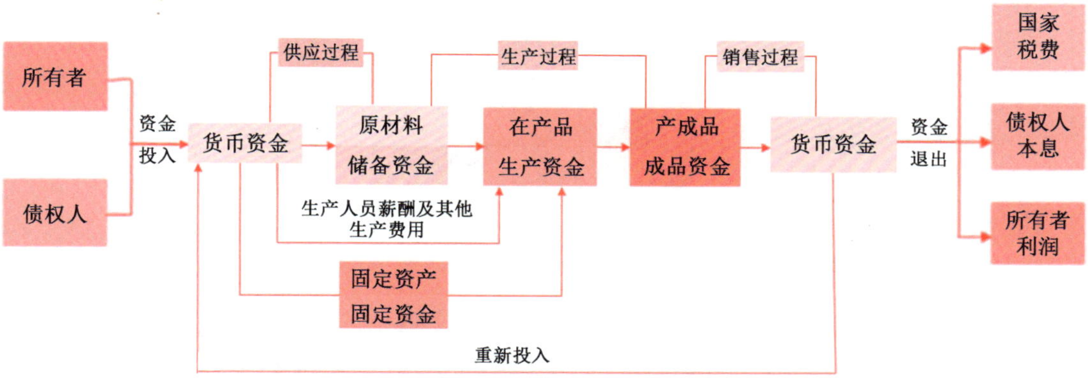

图 1—7　工业企业资金运动示意图

资金在运动过程中具有并存性、继起性、补偿性和增值性等特点。并存性是指资金在循环周转中，几种资金形态同时存在；继起性是指资金在循环周转中顺序地从一种形态转化为另一种形态；补偿性是指资金在循环周转中消耗的数额必须在经营收入中获得补偿；增值性是指所获得的经营收入，除补偿耗费的资金数额外，还应有多余。资金只有在运动中才能产生增值，企业因此获得盈利。

其他企业与工业企业有所不同，其资金运动也会表现出不同资金形态循环。

二、会计要素

会计要素与会计等式

会计要素是对会计对象所作的基本分类。企业会计要素包括资产、负债、所有者权益、收入、费用和利润。

(一)资产

1. 资产的概念

资产是企业资金存在的具体形式。《企业会计准则——基本准则》指出：“资产是指企业过去的交易或者事项形成的、由企业拥有或者控制的、预期会给企业带来经济利益的资源。”“企业过去的交易或者事项”包括购买、生产、建造行为或其他交易或者事项,如企业购买的原材料、生产的产品、建造的厂房。“由企业拥有或者控制”是指企业享有某项资源的所有权,或者虽然不享有某项资源的所有权,但该资源能被企业所控制,例如企业的土地,实际上企业只有土地使用权(所有权属于国家),会计上将土地使用权以无形资产列为企业的资产。“预期会给企业带来经济利益”是指企业运用资产可以获得经济利益,如原材料可用于生产产品,产品销售可取得收入。预期会给企业带来经济利益是企业取得资产的目的。

2. 资产的确认

判断一种资源是否为企业的资产,除了根据资产的概念外,还要考察这种资源是否满足资产的确认条件。《企业会计准则——基本准则》规定,同时满足以下条件的,确认为资产:(1)与该资源有关的经济利益很可能流入企业;(2)该资源的成本或者价值能够可靠地计量。第一项条件已体现在资产的概念中,第二项条件要求资产可以用货币计量。预期在未来发生的交易或者事项不形成资产。

3. 资产的分类

按照不同的标准,资产可以分为不同的类别。会计中主要按资产耗用或变现(变为现金)的时间长短,分为流动资产和非流动资产。

流动资产是指企业可以在一年或者超过一年的一个营业周期内变现或耗用的资产。流动资产是企业资产中必不可少的组成部分,包括货币资金、应收款项、存货等内容。资金周转主要是流动资产的周转,资产周转速度越快,变现能力越强。

非流动资产也称长期资产,是指流动资产以外的资产,即不能或不准备在一年或者超过一年的一个营业周期内变现或耗用的资产,如固定资产、无形资产。

(二)负债

1. 负债的概念

负债也称债权人权益。《企业会计准则——基本准则》指出:“负债是指企业过去的交易或者事项形成的、预期会导致经济利益流出企业的现时义务。”“现时义务”是指企业在现行条件下应承担的义务,即债务,为商业道德和国家法律所认可,如企业向银行借入的资金、购入原材料时未支付的货款、应支付给职工的工资、销售产品或提供劳务前收取的价款、应向国家缴纳的税费。债务需要用资产或劳务进行偿还。

2. 负债的确认

判断一种义务是否为企业的负债,除了根据负债的概念外,还要考察这种义务是否满足负债的确认条件。《企业会计准则——基本准则》规定,同时满足以下条件的,确认为负债:(1)与该义务有关的经济利益很可能流出企业;(2)未来流出的经济利益的金额能够可靠地计量。第一项条件已体现在负债的概念中,第二项条件要求负债金额是确定的。未来发生的交易或者事项形成的义务，不属于现时义务，不应当确认为负债。

3. 负债的分类

按照不同的标准，负债可以分为不同的类别。会计中主要将负债按偿还期限的长短，分为流动负债和非流动负债。

流动负债是指企业需要在一年或者超过一年的一个营业周期内偿还的债务，如应付账款、应付职工薪酬、应交税费。非流动负债也称长期负债，是指流动负债以外的负债，如长期借款。

（三）所有者权益

1. 所有者权益的概念

《企业会计准则——基本准则》指出："所有者权益是指企业资产扣除负债后由所有者享有的剩余权益。"资产扣除负债后的余额为企业净资产，所有者权益在数额上就是企业净资产。公司的所有者权益又称股东权益。

2. 所有者权益的确认

所有者权益和债权人权益是两个不同的权益。债权人权益需要按期偿还，债权人有权索取本金甚至利息（可以是货币，也可以是等价的资产或劳务），但不能参与企业经营决策；所有者权益在企业正常经营期间不需要按期偿还，所有者可因此参与企业经营决策和利润分配。债权人权益优先于所有者权益，企业应在偿还到期债务后向所有者分配利润，因此，所有者权益是所有者在企业中的剩余权益。

所有者权益与资产和负债不同，资产和负债都是具体的，可以直接确定其价值或数额，而所有者权益不是具体的，不能直接确定其数额。只有确认了资产和负债，才能确认所有者权益。所有者权益的确认由资产和负债决定。

（四）收入

1. 收入的概念

《企业会计准则——基本准则》指出："收入是指企业在日常活动中形成的、会导致所有者权益增加的、与所有者投入资本无关的经济利益的总流入。""在日常活动中形成"是指企业通过经营活动或其他活动取得，如销售商品、提供劳务、对外投资。"会导致所有者权益增加"是指收入能使得企业资产增加或者负债减少，所有者权益相应增加。"与所有者投入资本无关"是因为所有者投入资本对于企业来说也是经济利益流入，但这种流入不作为收入，而直接计入所有者权益。收入是企业从外部（包括其他单位和企业职工，不包括企业所有者和债权人）取得的，主要表现为货币。

2. 收入的确认

《企业会计准则——基本准则》规定，收入只有在经济利益很可能流入从而导致企业资产增加或者负债减少，且经济利益的流入额能够可靠计量时才能予以确认。收入必须有具体的数额,可据此确定资产增加多少或者负债减少多少。

收入与企业日常活动联系在一起,是日常活动产生的结果,企业应根据权责发生制原则确认收入。权责发生制原则要求本期实现的收入,不论本期是否实际收到,都应记入本期,反之,不是本期实现的收入,即使在本期收到,也不能记入本期。如企业本期赊销产品,款项在下期收到,收入应记入本期,不应记入下期。

(五)费用

1. 费用的概念

《企业会计准则——基本准则》指出:“费用是指企业在日常活动中发生的、会导致所有者权益减少的、与向所有者分配利润无关的经济利益的总流出。”“在日常活动中发生”是指企业在经营活动或其他活动中消耗,如销售出去的商品、为提供劳务所耗用的材料和人工。“会导致所有者权益减少”是指费用能使得企业资产减少或者负债增加,所有者权益相应减少。“与向所有者分配利润无关”是因为向所有者分配利润对于企业来说也是经济利益流出,但这种流出不作为费用,而直接冲减所有者权益。费用是企业向外部(包括其他单位和企业职工,不包括企业所有者)支付的货币或消耗的资产。

2. 费用的确认

《企业会计准则——基本准则》规定,费用只有在经济利益很可能流出从而导致企业资产减少或者负债增加,且经济利益的流出额能够可靠计量时才能予以确认。费用也必须有具体的数额,可据此确定资产减少多少或者负债增加多少。

费用是企业在日常活动中发生的,企业应根据权责发生制原则确认费用,即应由本期承担的费用,不论本期是否实际支付,都应记入本期,反之,不应由本期承担的费用,即使在本期支付,也不能记入本期。

(六)利润

1. 利润的概念

《企业会计准则——基本准则》指出:“利润是指企业在一定会计期间的经营成果。”企业以获取利润为经营目标,用费用换取收入,收入减去费用后的净额就是企业所获得的利润。如果收入减去费用后的净额为负数,则表示亏损。

2. 利润的确认

利润一般不能直接确定,由收入和费用确定。收入和费用都与企业日常活动有关,每次收入的取得和费用的发生都可以确定其数额,因此可以确定一定会计期间的收入和费用,也就可以相应地确认利润。

确认利润必须根据配比原则。配比原则是某个会计期间或某个会计对象所取得的收入应与为取得该收入所发生的费用相匹配,以正确计算在该会计期间、该会计对象所获得的利润或损失。配比原则的依据是受益原则,即谁受益,费用归谁负担。配比原则以权责发生制原则为基础。

收入与费用之间的配比依据主要有两种：一是根据收入与费用之间因果关系进行直接配比；二是根据收入与费用时间上的一致关系进行间接配比。配比原则主要运用在三个方面：(1)将某个会计期间的收入与该期间的费用相配比，从而计算企业在这个会计期间所取得的利润；(2)将某种产品或项目的收入与该产品或项目的费用相配比，从而计算企业在该产品或项目上所取得的利润；(3)将某部门一定时期的收入与该部门的费用相配比，从而计算企业该部门在这个时期所取得的利润。

三、会计等式

会计要素之间存在一定的数量关系，构成会计等式。会计等式分为会计基本等式和会计综合等式。

(一)会计基本等式

会计要素中，资产、负债和所有者权益为一组，收入、费用和利润为另一组，构成会计基本等式。会计基本等式是会计的重要理论基础。

1. 资产、负债、所有者权益之间的关系

根据以上对所有者权益的论述，资产、负债和所有者权益之间存在以下关系：

资产＝负债＋所有者权益

这个等式是一个静态等式(也称时点等式)，在任何时刻都是成立的。这个等式表明资产有两个基本来源：由所有者权益形成，或者由负债形成。这个等式还表明资产在数额上可分为两部分，一部分是负债，另一部分(即资产扣除负债后的剩余部分)是所有者权益。

企业任何一个经济业务事项，都会影响到这三个要素中的一个或两个，可能使得资产和负债同增或同减，可能使得资产和所有者权益同增或同减，也可能使得资产内部一增一减，或者负债内部、所有者权益内部、负债和所有者权益之间一增一减。

2. 收入、费用、利润之间的关系

根据以上对利润的论述，收入、费用和利润之间存在以下关系：

收入－费用＝利润

这个等式是一个动态等式(也称时期等式)，在任何时期都是成立的。这个等式表明利润是收入扣除费用的结果。从这个等式可知，企业要想取得更多的利润，理论上有以下基本途径：(1)在费用一定时增大收入；(2)在收入一定时减少费用；(3)少量增加费用得到较多的收入；(4)少量降低收入大幅减少费用。

(二)会计综合等式

将两个会计基本等式结合起来可得到会计综合等式，即：

资产＝负债＋(所有者权益＋收入－费用)

这是一个动静结合等式。这个等式表明收入可使得资产增加或负债减少，费用可使得资产减少或负债增加，收入减去费用后的余额就是企业资产的增加额，企业取得的利润归所有者享有，应计入所有者权益。

任务二　明确会计岗位职责和工作内容

进行工作之前，必须明确岗位职责和工作内容，以便切实履行职责，防止工作遗漏。

一、会计岗位职责

楚风公司管理制度规定，会计岗位的主要职责是：

1. 负责公司会计核算，定期向公司领导和有关部门报送财务会计报表。
2. 负责公司各项财产的登记、核对。
3. 负责各项税费的纳税（费）申报和其他税务工作。
4. 负责保管财务资料及会计档案。
5. 完成领导分派的其他工作任务。

相关知识与说明

会计岗位职责不同企业不尽相同，由企业内部管理制度规定，一般可分为会计核算工作和其他相关工作两部分。上述职责中第 1 项是会计岗位的基本职责，第 4 项是会计核算工作的延伸，这两方面是本教材的基本内容，第 2、3、5 项属于其他相关工作，本教材有所涉及，但不作专门论述。

二、会计工作内容

会计核算是会计岗位的基本工作，也是我们的根本任务，因此，我们的主要工作内容有以下几个方面。

1. 设置（更换）账簿。
2. 取得并审核原始凭证。

3. 填制记账凭证。
4. 编制科目汇总表。
5. 登记账簿。
6. 结账和对账。
7. 编制会计报表。
8. 会计资料整理归档。

相关知识与说明

会计工作以年度为大周期循环，以月份为小周期循环。每个年度开始时要设置(更换)账簿，结束时要将会计资料归档。在每个月份里，主要完成取得并审核原始凭证，填制记账凭证，编制科目汇总表，登记账簿，结账和对账，编制会计报表等工作。如表1—2所示。

表1—2 会计工作主要内容

时　间	工作内容
企业设立	设置账簿(账户)。
年度开始	更换账簿，结转上年余额。
月中	处理日常经济业务事项，包括取得、审核原始凭证和填制记账凭证。
	登记明细账，设置新账户，账簿换页。
	编制科目汇总表，装订凭证。
	登记总账，设置新账户，账簿换页。
月末	继续处理月中事项。
	处理月末业务事项，包括取得(计算)数据，编制表格和填制记账凭证。
	结账、对账，更正错账。
	编制会计报表。
年末	继续处理月中和月末事项。
	处理年末业务事项，包括取得(计算)数据，编制表格和填制记账凭证。
	年度结账。
	编制年度会计报告。
	会计资料整理归档。

会计工作内容由其岗位职责决定，以上工作内容将在后面的操作中体现，相关知识在操作时再作说明。

任务三　熟悉企业财务管理制度和会计核算方法

作为会计人员，我们必须遵纪守法，牢记企业财务管理制度，正确选择和运用会计制度和核算方法。

一、企业财务管理制度

楚风公司根据国家相关规定，结合自身实际情况，制订了财务管理制度，其中以下几点值得我们注意。

1. 公司各项费用开支均由总经理审批，但总经理个人报销须由董事长审批。

2. 公司向外单位付款，应由相关当事人填写付款申请单，经审批后交财务部，由出纳据此办理银行结算手续。取得发票后付款的，凭发票办理报销手续。

3. 报销程序为：当事人填写报销单据，部门负责人进行真实性、合理性审核，总经理批准，财务部进行合法性、正确性和完整性审核后办理报销手续。财务部根据费用申请单支出而收回的发票或收据，不再经总经理签字而直接入账。银行收取的费用和根据有关法规政策缴纳的税收、费用可直接入账。

4. 报销差旅费填写差旅费报销单，其他费用报销填写费用报销单。

5. 公司职工出差按自然天数每天给予 50 元的生活交通补贴，不另外报销公共汽车票、轮渡票、出租车票、地铁票和个人餐饮发票。

6. 材料入库单由采购员连同采购发票一起交财务部，领料单由仓库保管员或领料人适时交财务部，产品入库单和出库单由仓库保管员月末集中交财务部。

7. 公司在发放职工工资、股东股利时依法代扣代缴个人所得税和其他费用。

8. 单位价值 2 000 元以上的设施、设备和用具列为固定资产，分类计提折旧，净残值率为 4%。房屋的折旧年限为 20 年，生产用设备的折旧年限为 10 年，工具、家具的折旧年限为 5 年，运输工具的折旧年限为 8 年，电子办公设备的折旧年限为 3 年。

9. 土地使用权摊销期限为 50 年，其他无形资产摊销期限为 10 年。

相关知识与说明

会计人员在工作中要遵守企业财务管理制度，要根据企业财务管理制度处理各项经济业务，要督促相关业务人员按企业财务管理制度办事。监督企业财务管理制度执行也是会计监督的内容。

企业财务管理制度由企业自行制定，不同企业有较大差异。会计人员必须熟知所在企业的财务管理制度，并严格执行。企业财务管理制度如果存在不合法、不合理之处，会计人员可以向相关领导反映，提出修改建议。

二、会计制度与核算方法

每个企业应根据自身情况选择所执行的会计制度和具体的会计核算方法。

（一）会计制度

楚风公司执行财政部2006年颁布、2014年修订的《企业会计准则》。

相关知识与说明

《会计法》规定，国家实行统一的会计制度，国家统一的会计制度由国务院财政部门根据本法制定并公布。企业会计准则是财政部制定的一种会计制度。

一、会计制度

我国会计制度改革过程

会计制度的含义有3种，一是指关于会计工作应遵循的各种规则、方法、程序的规范性文件，二是指关于会计核算的法规制度，三是指具体的会计制度文件。这里所论述的会计制度是第二种。

我国统一的会计制度基本上是4个，即《企业会计准则》、《小企业会计准则》、《政府会计准则》(《政府会计制度》从属于《政府会计准则》)和《民间非营利组织会计制度》。

一般企业执行《企业会计准则》，小型企业执行《小企业会计准则》，实际工作中，还有企业在继续使用《企业会计制度》。因此，我国实际上这3种企业会计制度并存。但会计教材一般依据《企业会计准则》，因为它最为全面深刻。

二、企业会计准则的主要内容

我国现行企业会计准则体系包括基本准则、具体准则、应用指南和解释4个部分。

（一）基本准则

基本准则由总则、会计信息质量要求、资产、负债、所有者权益、收入、费用、利润、会计计量，财务会计报告和附则等内容组成，对财务会计报告目标，会计假设，会计基础，会计要素分类及其确认、计量原则，财务会计报告内容进行了规定。

(二)具体准则

具体准则是根据基本准则制订的,对企业各项会计要素和一些特别交易事项的确认、计量和报告所作的规定。

(三)应用指南

应用指南是对具体准则的各项条款如何在会计实务中应用所作的指导性说明,特别针对一些重点和难点问题的处理进行了阐述。

(四)解释

解释是对具体准则实施过程中可能遇到的问题和未作规定的内容进行补充说明。

三、会计信息的可比性

实行统一的会计制度,不同企业按照同一标准对资金运动情况和结果进行确认、计量和报告,这样就保证了会计信息的可比性,称作会计核算(或会计信息质量)的可比性原则。

《企业会计准则》对会计核算方法进行了规定,但在有些方面允许企业在规定范围内选择具体核算方法。《会计法》规定,会计处理方法(即会计核算方法),前后各期应当一致,不得随意变更。这是会计核算的一贯性(也称一致性)原则。一贯性原则是可比性原则的体现,它使得同一企业不同时期具有可比性。

(二)会计核算方法

通过楚风公司内部会计制度,我们可以了解到该公司采用的会计核算方法,其主要内容有:

1. 采用科目汇总表核算形式。

2. 原材料每次领用时按库存材料价格计算成本,库存商品在月末按平均单位成本计算发出成本。

3. 固定资产分类计提折旧。

4. 职工福利费和职工教育经费在发生时按实际发生额进行分配,工会经费按当月应发工资总额的2%计提。

相关知识与说明

对于某些经济业务事项,可能有不同的会计核算方法,企业可以自主选择。企业应当根据国家统一的会计制度,结合自身情况,制订内部会计制度,在内部会计制度中明确规定本企业采用的具体的会计核算方法，会计核算方法一经选定，应当长期保持不变。

会计核算方法主要涉及原材料、库存商品和固定资产的处理，这些内容属于财务会计，本教材对此做了简化处理。科目汇总表核算形式是企业广泛采用的核算形式，本教材将按照这种核算形式进行讲解和操作。关于会计核算形式在项目七中再作说明。

任务四 掌握有关税费政策

企业应当按照国家和地方政府的规定缴纳各项税收和费用，还要按规定为职工缴纳社会保险金和住房公积金。我们应当熟悉国家和地方的税费政策，正确处理国家、企业和个人之间的利益关系。

一、国家统一的税费政策

除了增值税之外，楚风公司应分别按照增值税应纳税额的7%和3%缴纳城市维护建设税和教育费附加，按照应纳税所得额的25%缴纳企业所得税。

除增值税和以上提及的税费之外，对楚风公司应当缴纳的其他税费予以忽略。

二、地方有关政策

根据地方政府规定，楚风公司应按照增值税应纳税额的2%缴纳地方教育附加。

根据国家和地方政府规定，并经当地政府有关部门批准同意，楚风公司分别按照当月应发工资总额的20%、8%、2%、1%、0.8%和10%缴纳职工养老保险、医疗保险、失业保险、工伤保险、生育保险和住房公积金，分别按照职工个人当月应发工资总额的8%、2%、1%和10%代扣代缴职工养老保险、医疗保险、失业保险和住房公积金。

相关知识与说明

社会保险包括养老保险、医疗保险、失业保险、工伤保险和生育保险，它们合称“五险”。社会保险是国家通过法律或行政法规强制实行，保证劳动者在年老、疾病、失业、工伤、女工生育等风险时，防止收入的中断、减少和丧失，以保障其基本生活需求的社会保障制度。社会保险金强制征收，由单位和个人分别按规定基数和比例缴纳，其中工伤保险和生育保险个人不缴纳。

住房公积金是单位和在职职工根据国家及地方政策缴存的长期住房储蓄，归职工个人所有，由单位和个人分别按规定基数和比例缴纳。住房公积金与社会保险金合称“五险一金”。

社会保险金和住房公积金的缴费基数为职工工资的60%～300%之间，上、下限由地方政府根据上年社会平均工资确定，缴费比例也可根据实际情况进行调整。

任务五　购置会计用品并接手工作

楚风公司采取手工核算方式，新的会计年度开始，我们需要购置必要的会计用品。如果接手别人的工作，还要进行工作交接。

一、购置会计用品

需要购置的会计用品包括会计账簿、记账凭证和其他办公用品。

（一）会计账簿

企业一般应设置总分类账、日记账和明细分类账，需要使用不同的账簿。

1. 总分类账

总分类账简称总账，必须采用订本式账簿，市面上也只有订本式总账销售。图1—8是一种总账，图1—9是总账账页格式。

图1—8　总账封面

总 分 类 账

第1号

科目：

年		凭证		摘要	借方										贷方										借或贷	余额										核对
月	日	字	号		千	百	十	万	千	百	十	元	角	分	千	百	十	万	千	百	十	元	角	分		千	百	十	万	千	百	十	元	角	分	
				过次页																																

图1—9 总账账页

2. 日记账

日记账分为现金日记账（简称现金账）和银行存款日记账（简称银行账），也必须采用订本式账簿。日记账由出纳掌管，我们可代为购置。

3. 明细分类账

明细分类账简称明细账，工业企业一般应设置三栏明细账、多栏明细账、数量金额明细账和增值税明细账。

相关知识与说明

一、会计账簿

（一）会计账簿的概念

会计账簿简称账簿，是由具有一定格式，按一定形式联结的账页组成，用来系统、连续地记录和反映经济业务的簿籍。

（二）会计账簿的分类

会计账簿可按不同的标志划分成不同的类别。

1. 按用途分类

账簿按用途的不同分为序时账簿、分类账簿和备查账簿。序时账簿也称日记账，是按经济业务发生时间顺序逐日逐笔登记的账簿，主要有现金日记账和银行存款日记账；分类账簿是按经济内容分类登记的账簿，有总分类账（简称总账）和明细分类账（简称明细账）之分；备查账簿也称辅助账簿，用来记录其他账簿不宜记录或不能完整记录的事项及内容。

序时账簿和分类账簿是企业必须设置的，属于正式账簿，账簿式样也有要求，备查账簿可根据情况设置，其式样也很灵活，可用记录本代替。

2. 按外表形式分类

账簿按外表形式的不同分为订本式账簿、活页式账簿和卡片式账簿。订本式账簿已装订成册，页数固定，并已编号，不允许增加、减少和更换账页；活页式账簿的账页可以自由增加、减少和更换；卡片式账簿由一张张卡片组成，存放于卡片盒中，卡片可以增加、减少和更换。

总账和日记账必须选用订本式账簿，明细分类账一般选用活页式账簿，固定资产明细账可使用卡片式账簿。卡片式账簿可长期使用，其他账簿必须每年更换。

3. 按账页格式分类

账簿按账页格式的不同分为三栏式账簿、多栏式账簿和数量金额式账簿。三栏式账簿的金额记载栏为借方、贷方和余额3栏；多栏式账簿的借方或贷方分多栏记载金额，余额也可分多栏；数量金额式账簿的借方、贷方和余额都有数量、单价和金额。

会计账簿式样介绍

多栏式账簿又分为普通多栏式和专用多栏式。普通多栏式账簿的某一方（借方或贷方）为多栏，栏目名称根据需要填写。专用多栏式账簿的借方、贷方和余额中至少有两个为多栏，栏目名称固定，专门用于登记某类经济业务，增值税明细账即为专用多栏式账簿。专用多栏式账簿一般不称“多栏明细账”，而按其记录内容称为“××明细账”，如“增值税明细账”。“多栏明细账”通常是指普通多栏式账簿。

多栏明细账栏目多，账页一面印不下，需占用两面账页，因此左右两半部分合为一整页。多栏明细账中除了日期栏、凭证栏和摘要栏，其他都是金额栏。第一个金额栏为借方或贷方总金额栏，其余金额栏为同向项目金额栏（用于发生额分析），总金额栏记录的金额应等于同行项目金额栏记录金额合计。

一般地，原材料和库存商品使用数量金额式账簿，收入、成本和费用使用多栏式账簿，其他情况使用三栏式账簿。

4. 按信息储存方式分类

账簿按信息储存方式的不同分为纸质账簿和电子账簿。纸质账簿以纸张为记录工具储存会计信息,用于手工记账;电子账簿用电子介质储存会计信息,用于计算机记账。电算化会计中的账簿格式与纸质账簿不完全相同。

(三)会计账簿的构成

订本式账簿由封面、账簿启用表、目录、账页和封底构成。活页式账簿用账钉将封面、账簿启用表、目录、账页和封底连接在一起,封面和封底称账夹,账簿启用表、目录和账页称账芯。

(四)会计账簿的购置

每个企业需要总账和银行存款日记账各1本,现金日记账视情况选用,三栏明细账、多栏明细账和数量金额明细账至少各1本,对于增值税一般纳税人,还需要增值税专用账簿1本。

总账账页数量有50张100页(面)和100张200页(面)之分,其他账簿账页数量基本上都是50张100页(面)。在外观式样上,总账、现金日记账和银行存款日记账有横式和竖式,其他账簿都是横式。多栏明细账和增值税专用账簿的账页记录行为21行,其他账簿账页记录行主要有16行和21行之分。

二、会计科目

(一)会计科目的概念

会计科目简称科目,是对会计要素的具体内容进行分类核算的项目。会计要素所包含的内容太多,会计核算时需要将其细化,这就要用到会计科目。

(二)会计科目的分类

会计科目按详细程度及隶属关系分为总分类科目(也称总账科目、一级科目)和明细分类科目(简称明细科目,也称子目),明细科目下还可再划分明细科目(称细目),依次称为二级科目、三级科目等。使用会计科目时,应按科目级别由高到低排列,中间用"——"号隔开。

会计科目按经济内容分为资产类、负债类、共同类、所有者权益类、成本类和损益类科目。共同类主要是金融企业使用。

(三)会计科目的设置

1. 会计科目的设置要求

会计科目应根据会计对象进行设置,满足统一性、适应性、完整性和互斥性。总分类科目应按照《企业会计准则》的要求设置,一般从财政部给定的科目中选取,这就是统一性。设置会计科目,尤其是明细科目,要考虑企业的实际情况和管理要求,这就是适应性。设置的会计科目要成体系,包括科目的广度(覆盖面)和深度(详细程度),具有完整性。科目与科目之间要有明确的界限,不应有交叉,具有互斥性。

2. 工业企业常用总账科目

财政部在《企业会计准则》附录中给出156个总账科目,涵盖了我国所有企业。表1—3是本教材用到的、工业企业常用的总账科目。

表 1—3　　工业企业常用总账科目表

顺序号	编号	科目名称	顺序号	编号	科目名称
一、资产类			三、所有者权益类		
1	1002	银行存款	14	4001	实收资本
2	1122	应收账款	15	4103	本年利润
3	1123	预付账款	16	4104	利润分配
4	1403	原材料	四、成本类		
5	1405	库存商品	17	5001	生产成本
6	1601	固定资产	18	5101	制造费用
7	1602	累计折旧	五、损益类		
8	1701	无形资产	19	6001	主营业务收入
9	1702	累计摊销	20	6401	主营业务成本
二、负债类			21	6403	税金及附加
10	2202	应付账款	22	6601	销售费用
11	2203	预收账款	23	6602	管理费用
12	2211	应付职工薪酬	24	6603	财务费用
13	2221	应交税费	25	6801	所得税费用

三、会计账户

(一)会计账户的概念与分类

1. 会计账户的概念

会计账户简称账户，是根据会计科目开设的，具有一定结构，用来系统、连续地记载经济业务事项的工具。

2. 会计账户的分类

会计账户的分类与会计科目的分类具有一致性，即会计账户按详细程度及隶属关系分为总分类账户(总账账户、一级账户)和明细分类账户(简称明细账户)，明细账户下还可再划分明细账户，依次称为二级账户、三级账户等；会计账户按经济内容分为资产类、负债类、共同类、所有者权益类、成本类和损益类账户。

会计科目与会计账户

(二)会计账户的结构

会计账户的结构即账户的格式，不同账户有所不同。

1. 账户的基本结构

账户一般由账户名称、日期、凭证字号、摘要、借方金额、贷方金额和余额等栏目构成，借方金额和贷方金额合称发生额。总账账户包括以上所有栏目，现金日记账多了一个“对方科目”栏目，银行存款日记账多了一个“支票类别和号码”栏目，三栏明细账的结构与总账相似，多栏明细账在借方、贷方或余额下增加了多个栏目(即明细,有的待定,有的固定),数量金额明细账在借方、贷方和余额下增加了数量和单价。

2. 账户的简化结构

账户主要反映资金变动情况,其中最重要的是借方金额和贷方金额,因此,可将其他栏目撇开,只保留借方金额和贷方金额,就得到如图1—10所示的简化结构,称之为"T形账"或"丁字账"。"T形账"左边总是借方,右边总是贷方,因此"借方"和"贷方"可以不写。

图1—10　"T形账"

使用"T形账"时,将借方发生额明细列示在左边,贷方发生额明细列示在右边,再加划一条横线,汇总出发生额,如图1—11所示。

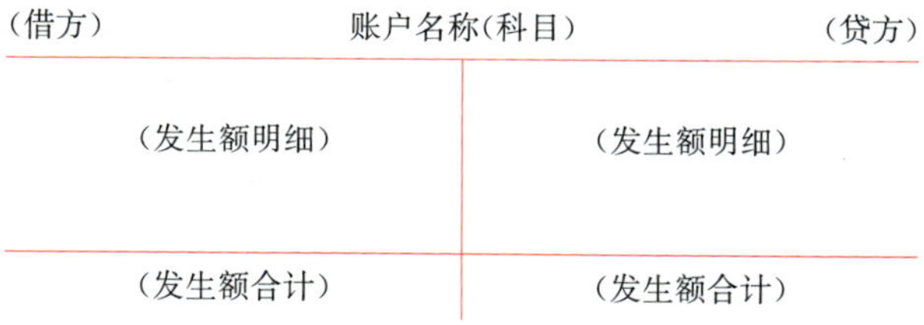

图1—11　"T形账"使用方法

(三)会计科目与会计账户的关系

会计账户与会计科目的关系可概括为:科目是账户的名称,账户是科目的实体,科目决定账户结构,账户记录科目内容。账户与科目一般是对应的,在某些情况下可以相互替代。

(二)记账凭证与凭证封面

处理经济业务时要用到记账凭证,装订记账凭证时要加具凭证封面,我们应先准备好记账凭证和凭证封面。

1. 记账凭证

记账凭证可从市面上购买,也可自行印制。如果没有特别要求,我们可购买如图1—12所示的记账凭证。

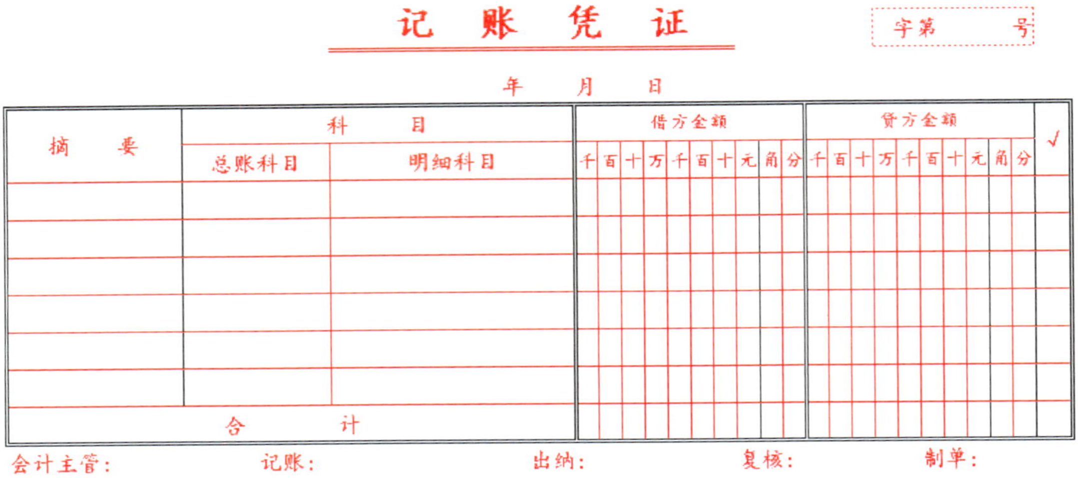

记 账 凭 证　　字第　　号

年　月　日

摘　要	科　目		借方金额										贷方金额										✓
	总账科目	明细科目	千	百	十	万	千	百	十	元	角	分	千	百	十	万	千	百	十	元	角	分	
合　计																							

附单据　张

会计主管：　记账：　出纳：　复核：　制单：

图 1—12　记账凭证式样

相关知识与说明

一、记账凭证

(一)记账凭证的概念

记账凭证是会计人员根据原始凭证或原始凭证汇总表编制的，确定经济业务事项应记入的账户、方向和金额的书面记录，是登记账簿的依据。记账凭证与原始凭证统称会计凭证。

(二)记账凭证的分类

记账凭证可分为通用记账凭证和专用记账凭证。

通用记账凭证的名称就叫记账凭证，适用于各种经济业务事项的处理。图 1—12 就是通用记账凭证的样式。

记账凭证与凭证封面式样介绍

专用记账凭证又分为收款凭证、付款凭证和转账凭证。收款凭证仅用于收款业务；付款凭证仅用于付款业务；转账凭证适用于收款、付款业务以外的经济业务事项。

收款凭证又分为现金收款和银行收款，付款凭证又分为现金付款和银行付款，通过凭证编号的“字”进行区别。

(三)记账凭证的要素

记账凭证一般包括以下基本要素：(1)填制单位名称(自行印制的记账凭证一般印有单位名称，购买的记账凭证没有单位名称)；(2)凭证名称；(3)填制日期和凭证编号；(4)经济业务内容摘要;(5)会计科目;(6)借方和贷方金额;(7)所附原始凭证(单据)数量;(8)填制人、复核人姓名等。

二、借贷记账法

(一)复式记账法

复式记账法是对于每一笔经济业务事项,用相等的金额在两个或两个以上相互联系的账户中进行登记的记账方法。

记账方法

复式记账法的依据是"资产=负债+所有者权益"。企业发生的经济业务或者引起等式两边同时增加或减少,或者引起资产内部、负债内部、所有者权益内部一增一减,或者引起负债和所有者权益之间一增一减,不管哪种情况,都会引起两个或两个以上账户金额发生变化,而且变化金额相等。

复式记账法的优点是能反映资金的来龙去脉,可以试算平衡。

与复式记账法相对的是单式记账法。单式记账法对于每一笔经济业务事项,只在一个账户中进行登记。单式记账法不具备复式记账法的优点。

复式记账法分为借贷记账法、增减记账法和收付记账法,借贷记账法运用最为广泛。

(二)借贷记账法

借贷记账法是以"借"和"贷"为记账符号的一种复式记账法。"借"和"贷"在不同的账户中有不同的含义,如表1—4所示。

表1—4 "借"和"贷"在不同的账户中的含义

账户类别	资产	负债	所有者权益	成本费用	收入利润
"借"的含义	增加	减少	减少	增加	减少
"贷"的含义	减少	增加	增加	减少	增加

借贷记账法的记账规则可以概括为"有借必有贷,借贷必相等",即在处理每一笔经济业务事项时,"借"和"贷"必须同时出现,借方金额与贷方金额必须相等。因此,借贷记账法可以试算平衡,参见项目七。

《企业会计准则》规定,企业必须使用借贷记账法记账。

2. 凭证封面

凭证封面可从市面上购买,也可自行印制。装订记账凭证时可以用包角,市面上也有凭证封面包角销售。

（三）其他办公用品

在会计工作中，我们还需要用到黑色水性笔、红色水性笔、铅笔、复写纸、固体胶（或胶水）、直尺、长尾夹、裁纸刀、会计科目章、通用章、印油、装订线、装订机和计算器等办公用品，我们的前任可能已经购买了这些办公用品，我们可视情况添置。

另外，企业还经常用到借支单、领款单、费用报销单、差旅费报销单和收据，这些空白单据市场上有售，企业也可自行印制，我们可根据这些空白单据的消耗和结存情况购置或要求印制。

相关知识与说明

会计核算时经常要用到会计科目，账簿上经常要书写一些内容，为了节省书写时间，清晰地凸显相关内容，可以使用会计科目章和财务通用章。会计科目章和财务通用章分别如图 1—13 和图 1—14 所示。

图 1—13　会计科目章

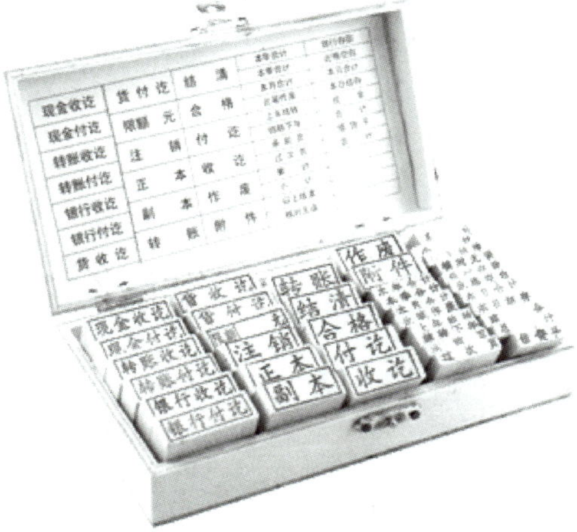

图 1—14　财务通用章

二、接手工作

接替他人的工作，应办理工作交接手续，包括物品交接和事务交接。

（一）物品交接

移交人应将他所经管的会计资料和办公用品，包括上年度的账簿、凭证、报表、其他会计资料、会计科目章、计算器等办公用品，编制移交清册，移交给我们。我们应按照移交清册列明的内容，在监交人的见证下进行逐项接交。所有会计资料必须完整无缺，如有短缺，必须查明原因，并在移交清册中注明，由移交人负责。交接双方和监交人都应在移交清册上面签字。

相关知识与说明

《会计法》规定，会计人员调动工作或者离职，必须与接管人员办清交接手续。一般会计人员办理交接手续，由会计机构负责人（会计主管人员）监交；会计机构负责人（会计主管人员）办理交接手续，由单位负责人监交，必要时主管单位可以派人会同监交。

如果在会计年度中间交接，应在账簿启用表上进行记录，如图 1—15 所示。账簿的前任经管人员应在账簿中每个账户的最后余额处签章或签名，如图 1—16 所示，表示对此前的账簿记录负责。对于没有余额的多栏式账簿，在每个账户的最后记录合计金额处签章或签名。

会计人员离开现任职务，一般应在月份终了且当月工作全部完成后。离职前对已经受理的经济业务尚未填制会计凭证的，应当填制完毕，尚未登记的账目，应当登记完毕。

账簿启用表		
单位名称	武汉楚风家具有限公司	武汉楚风家具有限公司
账簿编号	字第　号第　册　共　册	
账簿页数	本账簿共计　　页　　号	
启用日期	20×1 年 1 月 2 日	

经管人员		接管			移交			会计负责人		备注
姓名	盖章	年	月	日	年	月	日	姓名	盖章	
张玲					20×1	2	28	钱丽清		
李明		20×1	2	28						

图 1—15　账簿交接记录

总　分　类　账

第1号

科目：银行存款

20×1年		凭证		摘要	借方										贷方										借或贷	余额										核对
月	日	字	号		千	百	十	万	千	百	十	元	角	分	千	百	十	万	千	百	十	元	角	分		千	百	十	万	千	百	十	元	角	分	
				上年结转																					借			7	2	5	3	2	6	3	5	
1	21	汇	1	记账凭证第1号至第30号汇总		1	2	3	4	2	5	0	0	0			5	6	4	0	6	5	7	5												
	31	汇	2	记账凭证第31号至第58号汇总													2	1	6	8	4	3	5	0												
				本月合计		1	2	3	4	2	5	0	0	0			7	8	0	9	0	9	2	5	借		1	1	7	8	6	6	7	1	0	
2	17	汇	3	记账凭证第1号至第30号汇总			5	8	5	6	7	5	0	0			7	1	2	4	8	7	5	6												
	28	汇	4	记账凭证第31号至第56号汇总			5	6	2	8	6	0	0	0			1	2	2	5	3	7	3	4												
				本月合计		1	1	4	8	5	3	5	0	0			8	3	5	0	2	4	9	0	借		1	4	9	2	1	7	7	2	0	张玲
				过次页																																

图 1—16　账户记录签名

移交人对自己经办且已经移交的会计资料的合法性、真实性，要承担法律责任，不能因为会计资料已经移交而推脱责任。

（二）事务交接

我们应向前任会计询问是否还有未了事项。前任会计应当将需要移交的遗留问题，写出书面材料并当面交待清楚。

我们应当弄清遗留问题的详细情况，涉及哪些单位、部门和人员，相关人员的联系方式，做了哪些工作，还需要做些什么，应当在什么时间完成，有哪些需要注意的事项。

对于工作上不太清楚的地方，我们可借此机会向前任会计请教。我们应当诚恳地向他人学习。

项目二

设置(更换)账簿

学习目标:

1. 能熟练设置(更换)各类账簿,正确填写账簿启用表。

2. 了解账簿启用表的内容,熟悉不同情况下各类账簿的设置(更换)方法,掌握相关概念,理解账户与账簿的关系。

3. 树立服务理念,培养奉献精神。

任务清单

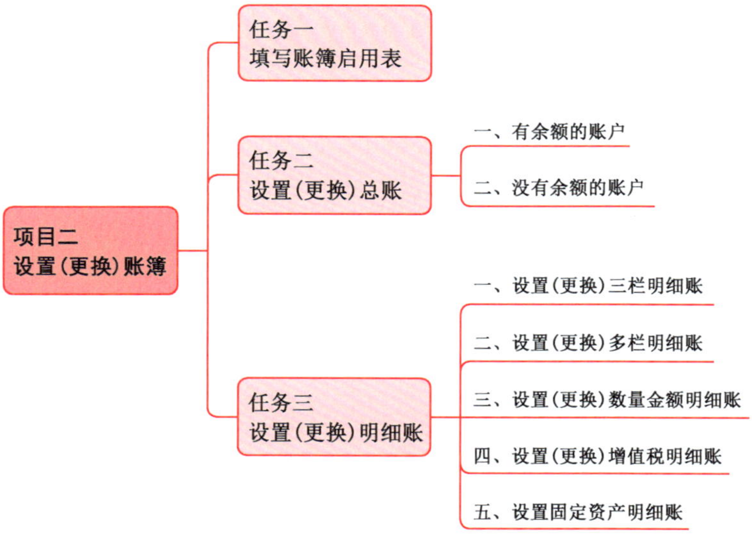

任务一 填写账簿启用表

每一本账簿在扉页上都印有账簿启用表,启用账簿时应当在账簿启用表中记录相关内容。

我们可以拿出一本账簿,翻开账簿启用表,在其上填写单位名称“武汉楚风家具有限公司”、启用日期“20×2 年 1 月 2 日”,在经管人员栏签上我们自己的名字(有私章的在盖章栏盖章),加盖单位公章,如图 2—1 所示。

账 簿 启 用 表

单位名称	武汉楚风家具有限公司	
账簿编号	字第 号第 册 共 册	
账簿页数	本账簿共计 页 号	
启用日期	20×2 年 1 月 2 日	

经管人员		接管			移交			会计负责人		备注
姓名	盖章	年	月	日	年	月	日	姓名	盖章	
李明										

图 2—1 账簿启用表的填写

相关知识与说明

企业在开始经营的年度就应当设置账簿。一个新的会计年度开始了,企业应当更换账簿。一般地,会计负责设置(更换)总账和明细账,出纳负责设置(更换)日记账。

不同类别的账簿以及不同厂家生产的账簿,账簿启用表的内容有所不同,但主要内容基本一致。

账簿启用日期应当是本会计年度的第一天,因 1 月 1 日为法定节日,可填 1 月 2 日。如果企业当年开业,账簿启用日期应为开业当天。

账簿编号一般用作档案编号,在归档保存时填写。对于活页式账簿,账簿页数可能会发生变化，应填写年度终了时的页数，在整理账簿时补填(订本式账簿已印有页号，不用填写)。

以后如果发生人员变动，还应填写交接记录。接管人员在经管人员栏签名、盖章，交接双方在接管、移交栏记载移交、接管时间，会计负责人作为监交人也要签名、盖章(见项目一中图1—15)。

电算化会计使用电子账簿，不需要填写账簿启用表，但需要进行初始设置。

学生练习

填写各账簿中的账簿启用表(公章忽略)。

任务二　设置(更换)总账

我们应当根据财政部2006年发布、2014年修订的《企业会计准则》下的会计科目，结合楚风公司的具体情况设置(更换)总账。

我们是作为楚风公司的会计进行20×2年度的会计工作，楚风公司此前已设置了总账账户，我们一般应当沿用以前设置的总账账户，只是要更换新的账簿。总账账户尽量按科目顺序排列。我们应当拿出上年度的总账，分有余额和没有余额两种情况，进行不同处理。

一、有余额的账户

楚风公司上年度的总账账簿中第一个账户是银行存款，如图2—2所示。从中我们可以看到最后“结转下年”的余额为借方2 756 379.49元。

总分类账

第3号

科目：银行存款

20×1年 月	日	凭证 字	号	摘要	借方 千百十万千百十元角分	贷方 千百十万千百十元角分	借或贷	余额 千百十万千百十元角分	核对
				承前页			借	170582971	
11	16	汇	19	记账凭证第1号至第30号汇总	153605000	6540676			
	30	汇	20	记账凭证第31号至第62号汇总		1968356			
				本月合计	153605000	8509 1032	借	239096939	
12	17	汇	21	记账凭证第1号至第30号汇总	68657500	70238756			
	31	汇	22	记账凭证第31号至第68号汇总	50256000	12133734			
				本月合计	118913500	82372490	借	275637949	
				结转下年			借	275637949	
				过次页					

图 2—2　上年末“银行存款”总账记录

20×2 年应当承接 20×1 年，即 20×2 年初银行存款账户余额为借方 2 756 379.49 元。我们应在 20×2 年总账账簿第一页(即第 1 号)的“科目”后写上“银行存款”，在“年”前写上“20×2”，在“摘要”栏第一行写上“上年结转”，在“借或贷”栏写上“借”，在“余额”栏写上 2 756 379.49 元，如图 2—3 所示。

总分类账

第1号

科目：银行存款

20×2年 月	日	凭证 字	号	摘要	借方 千百十万千百十元角分	贷方 千百十万千百十元角分	借或贷	余额 千百十万千百十元角分	核对
				上年结转			借	275637949	

图 2—3　“银行存款”总账设置

相关知识与说明

账簿可以更换，但账户记录必须连续，不可中断。上期余额应当结转到本期，本期余额应当结转到下期。

设置（更换）账簿时，科目的填写，如“银行存款”，可以使用会计科目章，有些事项的填写，如“上年结转”，可以使用财务通用章。盖章用蓝印、红印都可以，没有特别规定。盖章是用于代替书写，用蓝印较为妥当。而公章、财务章、业务章和人名章是对相应文件进行确认或特别标识，应当用红印醒目呈现。账簿从企业设立之日起设置，最初都没有余额，设立当年的年末就会有余额，于是“结转下年”。以后每年更换账簿时都要承接上年，应将上年余额结转到本年，即“上年结转”。因此，账簿上不会出现“期初余额”和“期末余额”的字样。“期初余额”和“期末余额”只在教科书和相关考试中使用，是为了方便叙述，简化所讨论的问题，通常从一个会计年度里截取一个时期，确定“期初”和“期末”。“期”可以是年，可以是季，也可以是月，视谈论话题确定。“期初余额”和“期末余额”分别对应所指时期开始和结束时的余额。

总账账户余额可以编制成一张表，称为账户余额表。表 2—1 为楚风公司上年度总账账户余额（未列出的账户没有余额），我们可以根据该表同样设置其他总账账户。

表 2—1　　楚风公司 20×1 年末总账余额表

总分类账户	借方余额（元）	贷方余额（元）
银行存款	2 756 379.49	
应收账款	791 000.00	
预付账款	5 650.00	
原材料	95 500.00	
库存商品	651 000.00	
固定资产	7 444 800.00	
累计折旧		1 915 559.04
无形资产	6 000 000.00	
累计摊销		540 000.00
应付账款		63 506.00

续表

总分类账户	借方余额(元)	贷方余额(元)
预收账款		185 000.00
应付职工薪酬		300 915.00
应交税费		164 528.00
实收资本		15 000 000.00
利润分配	425 178.55	
合　计	18 169 508.04	18 169 508.04

学生练习

根据表 2—1(或配套教材《基础会计实训》中表 2—1)设置总账账户(按科目顺序设置,使用单号账页,下同)。

二、没有余额的账户

楚风公司上年度的总账账簿中有的账户年末没有余额,比如"主营业务收入",如图 2—4 所示。

总 分 类 账　　第60号

科目: 主营业务收入

20×1年 月	日	凭证 字	号	摘　要	借方	贷方	借或贷	余额	核对
				承前页		57500000			
11	30	汇	20	记账凭证第31号至第62号汇总	107500000	50000000			
				本月合计	107500000	107500000	平	θ	
12	17	汇	21	记账凭证第1号至第30号汇总		60000000			
	31	汇	22	记账凭证第31号至第68号汇总	108000000	48000000			
				本月合计	108000000	108000000	平	θ	

图 2—4 上年末"主营业务收入"总账

对于这个账户,我们只需要在总账账簿中选择适当的账页(在此选择第 41 号账页),在"科目"后写上"主营业务收入",在"年"前写上"20×2",如图 2—5 所示。

总分类账

第41号

科目：主营业务收入

20×2年		凭证		摘要	借方										贷方										借或贷	余额										核对
月	日	字	号		千	百	十	万	千	百	十	元	角	分	千	百	十	万	千	百	十	元	角	分		千	百	十	万	千	百	十	元	角	分	

图 2—5 “主营业务收入”总账设置

我们可以同样设置其他没有余额的总账账户。

学生练习

在总账账簿中分别设置“主营业务收入”、“主营业务成本”和“税金及附加”账户（从第 41 号账页开始）。

相关知识与说明

一、总账设置

每个账户记录必须连续，而订本式账簿不能插页，因此应为每个账户分配足够的页码。有的账户不能确定是否一定用到，可以预留一定的页码，以便发生时添加。

对于没有余额的账户也可以先不设置，以后发生了，在登记账簿时再设置。如果是开业设置账簿，所有账户都比作没有余额的账户处理。

全部总分类账户一般应设置在一本账簿中，并按科目编号排序。

二、账户与账簿的关系

账户与账簿的关系可概括为：账户是账簿的内容，账簿是账户的载体，一个账户要用到多个账簿（每年更换），一本账簿中可以设置多个账户（如总账）。

三、设置账户

设置账户是会计核算的首要环节，账户设置是否正确、合理、适用，对会计核算有制约作用，必须认真对待。

设置账户

设置账户的主要内容是选择总账科目，确定明细科目，选择账簿形式。账户设置必须适应企业实际情况，反映企业管理要求，把账户特点和账簿功能结合起来。

设置账户与设置账簿是从不同角度看同一事项，其实两者的内容是一致的。设置账户是要确定各个账户设置在什么账簿中，设置账簿是要确定各个账簿中设置哪些账户。

任务三　设置(更换)明细账

明细账有三栏明细账、多栏明细账、数量金额明细账和增值税明细账，它们有不同的格式和内容，应分情况进行设置(更换)。

明细账户的设置要充分考虑企业实际情况和管理要求，我们要牢固树立服务理念，努力提高服务能力和服务水平，立足岗位，乐于奉献。

一、设置(更换)三栏明细账

三栏明细账也分为有余额的账户和没有余额的账户，有余额的账户必须进行设置(更换)，没有余额的账户先不设置，以后发生时再设置。

在楚风公司上年度的三栏明细账中，“应收账款——汉阳家具商场”账户 20×1 年末有借方余额 339 000.00 元。对于这个明细账户，我们应在新的三栏式账簿中进行如图 2—6 所示的设置(其中“明细分类账”可不写)。

明细分类账　　总页 ____ 分页 ____

一级科目：应收账款　　　　子目或户名：汉阳家具商场

20×2年		凭证		摘要	借方										贷方										借或贷	余额									
月	日	字	号		千	百	十	万	千	百	十	元	角	分	千	百	十	万	千	百	十	元	角	分		千	百	十	万	千	百	十	元	角	分
				上年结转																					借			3	3	9	0	0	0	0	0

图 2—6　“应收账款——汉阳家具商场”明细账设置

楚风公司上年度的三栏明细账账户余额如表 2—2 所示，我们可以同样设置其他三栏式明细账户。

表 2—2　　楚风公司 20×1 年末三栏明细账账户余额表

总分类账户	明细分类账户	借方余额	贷方余额
应收账款	汉阳家具商场	339 000.00	
	汉口家具商场	452 000.00	
预付账款	武汉茂源标准件公司	5 650.00	
累计折旧			1 915 559.04
无形资产	土地使用权	6 000 000.00	
累计摊销			540 000.00
应付账款	武汉佳禾木材公司		40 906.00
	武汉七彩油漆公司		22 600.00
预收账款	武昌家具商场		185 000.00
应付职工薪酬	职工工资		371 500.00
	工会经费		7 430.00
	职工养老保险	29 720.00	
	职工医疗保险	7 430.00	
	职工失业保险	3 715.00	
	职工住房公积金	37 150.00	
应交税费	应交城市维护建设税		10 283.00
	应交教育费附加		4 407.00
	应交地方教育附加		2 938.00
实收资本	刘远行		5 000 000.00
	张开新		4 000 000.00
	钱必清		3 000 000.00
	赵伟		2 000 000.00
	周祥		1 000 000.00
利润分配	未分配利润	425 178.55	

相关知识与说明

一、三栏明细账的设置

对于库存现金、银行存款和实物以外的资产，各种负债和所有者权益，都应在三栏式明细账簿中设置明细账户。

有的总账账户下没有明细账户，如“累计折旧”，也应在三栏式明细账簿中进行设置，方法与明细账户设置相同，但“子目”或“户名”不填。

二、三栏明细账的使用

有的企业需要使用多本三栏式明细账,这种情况下可对账簿进行适当分工。如把“应收账款”、“预付账款”、“其他应收款”、“应付账款”、“预收账款”和“其他应付款”设置在同一账簿中,称为“往来账”,在账簿封面上贴上标签,如图2—7所示。客户和供应商较多的企业还可使用单独的账簿记录“应收账款”和“应付账款”。

图2—7 往来账

学生练习

根据表2—2(或配套教材《基础会计实训》中表2—1)设置三栏明细账。

二、设置(更换)多栏明细账

多栏明细账用于成本类和损益类账户,成本类账户包括“生产成本”和“制造费用”,“生产成本”账簿需根据实际情况选择,“制造费用”和损益类账户使用一样的账簿。

(一)生产成本明细账户设置

“生产成本”账户应根据余额情况选用账簿。目前楚风公司“生产成本”账户没有余额,我们可以选用普通多栏式账簿。

生产成本应分项目核算,成本项目主要有“直接材料”、“直接人工”和“制造费用”。生产成本一般发生在借方,我们在此按图2—8设置生产成本明细账(右半部分没有内容,予以省略)。

生产成本 明细分类账

产品名称：桌椅

<table>
<tr><td colspan="2" rowspan="2">20×2年</td><td colspan="2" rowspan="2">凭证</td><td rowspan="3">摘要</td><td colspan="10" rowspan="2">借方</td><td colspan="40">（借）方金额分析</td></tr>
<tr><td colspan="10">直接材料</td><td colspan="10">直接人工</td><td colspan="10">制造费用</td><td colspan="10"></td></tr>
<tr><td>月</td><td>日</td><td>字</td><td>号</td><td>千</td><td>百</td><td>十</td><td>万</td><td>千</td><td>百</td><td>十</td><td>元</td><td>角</td><td>分</td><td>千</td><td>百</td><td>十</td><td>万</td><td>千</td><td>百</td><td>十</td><td>元</td><td>角</td><td>分</td><td>千</td><td>百</td><td>十</td><td>万</td><td>千</td><td>百</td><td>十</td><td>元</td><td>角</td><td>分</td><td>千</td><td>百</td><td>十</td><td>万</td><td>千</td><td>百</td><td>十</td><td>元</td><td>角</td><td>分</td><td>千</td><td>百</td><td>十</td><td>万</td><td>千</td><td>百</td><td>十</td><td>元</td><td>角</td><td>分</td></tr>
<tr><td></td><td></td><td></td><td></td><td></td><td colspan="10"></td><td colspan="10"></td><td colspan="10"></td><td colspan="10"></td><td colspan="10"></td></tr>
<tr><td></td><td></td><td></td><td></td><td></td><td colspan="10"></td><td colspan="10"></td><td colspan="10"></td><td colspan="10"></td><td colspan="10"></td></tr>
<tr><td></td><td></td><td></td><td></td><td></td><td colspan="10"></td><td colspan="10"></td><td colspan="10"></td><td colspan="10"></td><td colspan="10"></td></tr>
</table>

图 2—8 “生产成本”明细账设置

相关知识与说明

生产成本通常要分产品核算，应在账簿上注明产品名称。如果企业只生产一种产品，生产成本账簿上可不注明产品名称。

生产成本一般要分成本项目核算，成本项目根据管理要求确定，至少有“直接材料”、“直接人工”和“制造费用”3 个成本项目。直接材料反映企业直接用于生产这种产品的材料成本；直接人工反映企业为生产这种产品支付或应支付给生产工人的报酬和福利；制造费用反映企业为生产这种产品而发生的各种间接费用。

生产成本期末如果有余额，表示尚未完工产品（即在产品）的价值，因此，生产成本账户应当使用专用多栏式账簿，其借方、贷方和余额都应按成本项目设为多栏。

学生练习

设置生产成本明细账。

（二）制造费用和损益类明细账户设置

制造费用和损益类账户期末都没有余额，发生额一般集中在某一方，其明细账户设置方法基本相同。

制造费用反映发生在生产车间、不能直接计入产品生产成本的各种费用，应分车间设置，其发生额主要在借方，因此，我们可将制作车间的制造费用明细账按图 2—9 设置（右半部分没有内容，予以省略），其中“借方金额分析”（有的账簿没有印）下面各栏填写费用项目，可先空着，等到记账时再添加。

损益类账户明细账可以类似设置，需要注意其发生额主要在借方还是贷方。

制造费用　明细分类账

生产车间：制作车间

20×2年		凭证		摘要	借方	(借)方金额分析			
月	日	字	号		千百十万千百十元角分	千百十万千百十元角分	千百十万千百十元角分	千百十万千百十元角分	千百十万千百十元角分

图 2—9　“制造费用——制作车间”明细账设置

相关知识与说明

设置普通多栏明细账时，必须设定总金额栏的方向(借方或贷方)，项目金额栏与总金额栏是同一方向。项目名称可以先不列，等到登记账簿时再添加。

设置普通多栏明细账时，账户之间至少应空 1 页，以备需要时插入账页。

有的损益类账户没有明细，如“所得税费用”，有的不需要分明细，如“税金及附加”，这样的损益类账户也可使用三栏式账簿，但为了使用方便，可以把所有损益类账户设置在同一账簿中。

制造费用和损益类账户可在发生时或初次记账时设置，对于那些一定要用到的账户，也可先行设置。

学生练习

设置制造费用、主营业务收入和主营业务成本明细账。

三、设置(更换)数量金额明细账

对于原材料和库存商品这些实物，在反映其金额的同时，还应反映其数量和单价，需使用数量金额明细账，按品名甚至规格设置。

从楚风公司上年存货明细账可知，原木上年结余 $70m^3$，单价 800 元/m^3，金额 56 000.00 元。因此，我们应在数量金额明细账(存货明细账)中按图 2—10 设置原木明细账。

原材料明细分类账

总页 分页

编号

最高存量

最低存量　　存储地点 材料仓库　　规格 杉木　　类别 主要材料　　计量单位 立方米　　品名 原木

20×2年		凭证		摘要	借方			贷方			余额		
月	日	字	号		数量	单价	金额（千百十万千百十元角分）	数量	单价	金额（千百十万千百十元角分）	数量	单价	金额（千百十万千百十元角分）
				上年结转							70	800.00	5600000

图 2—10 “原材料——原木”明细账设置

楚风公司 20×1 年末原材料账户明细记录如表 2—3 所示。我们可以同样设置其他原材料明细账户。

表 2—3　　楚风公司 20×1 年末原材料账户明细记录

材料类别	材料名称	规格型号	计量单位	数　量	单　价	金　额
主要材料	原木	杉木	m^3	70	800.00	56 000.00
	钢条	2000×30×3	根	2 000	6.00	12 000.00
	腻子		桶(20L)	25	200.00	5 000.00
	油漆	透明	桶(20L)	25	400.00	10 000.00
辅助材料	螺钉	25	盒(100 颗)	500	10.00	5 000.00
包装材料	包装纸		卷(20m)	500	10.00	5 000.00
	包装绳		卷(50m)	500	5.00	2 500.00

表 2—4 是楚风公司 20×1 年末库存商品账户明细记录，我们可以比照原材料明细账设置库存商品明细账。

表 2—4　　楚风公司 20×1 年末库存商品账户明细记录

商品名称	规格型号	计量单位	数　量	单　价	金　额
桌椅		组	1 200	542.50	651 000.00

相关知识与说明

原材料和库存商品都属于存货。存货是指为销售或耗用而储备的实物资产，原材料是为耗用而储备，库存商品是为销售而储备。

存货明细账应按品名设置，同一品名有不同规格的，按规格设置。材料或商品的“类别”只在账簿上注明，同一类别的存货明细账应当放在一起。

在存货明细账中，如果材料或商品只有一种规格，“规格”可以不填，原材料或商品未作分类的，“类别”也可不填。如果没有特别要求，材料或商品“编号”、“最高存量”和“最低存量”等内容也不用填写。

企业仓库也应设置存货明细账，记录存货的收进和发出情况。仓库的存货明细账只记录数量，不记录金额。财务部门要定期与仓库核对账目，通常是核对数量。

使用数量金额明细账记录存货，是为了加强存货管理，防范存货遗失毁损，但并非所有存货必须使用数量金额明细账。对于单位价值很低的存货，可以简化管理，不记录其数量，只记录其金额，因而可以使用三栏明细账。

学生练习

设置原材料和库存商品明细账。

四、设置(更换)增值税明细账

楚风公司为增值税一般纳税人，应当使用增值税专用账簿。上年增值税明细账显示，年末余额为贷方 146 900.00 元，因此，我们应设置如图 2—11 和图 2—12 所示的增值税明细账。

应交税费(增值税)明细分类账

20×2年		凭证		摘要	借方				
					合计	进项税额	已交税金	销项税额抵减	减免税款
月	日	字	号		千百十万千百十元角分	千百十万千百十元角分	千百十万千百十元角分	千百十万千百十元角分	千百十万千百十元角分
				上年结转					

图 2—11　增值税明细账设置(左半部分)

第　页

出口抵减内销产品应纳税额	贷方				借或贷	余额
	合计	销项税额	出口退税	进项税额转出		
千百十万千百十元角分	千百十万千百十元角分	千百十万千百十元角分	千百十万千百十元角分	千百十万千百十元角分		千百十万千百十元角分
					贷	14690000

图 2—12　增值税明细账设置(右半部分)

学生练习

设置增值税明细账。

相关知识与说明

关于增值税明细账户设置，财政部发布了《增值税会计处理规定》，根据该规定，增值税一般纳税人需要设置多个增值税明细账户，并在“应交增值税”明细账户中设置多个专栏。本教材对增值税进行简化处理，只设置“应交税费——应交增值税”明细账，并且只给出“进项税额”、“已交税金”、“销项税额抵减”、“减免税款”、“出口抵减内销产品应纳税额”、“销项税额”、“出口退税”和“进项税额转出”等专栏。

增值税账户设置

增值税小规模纳税人不使用增值税专用账簿，增值税明细账与其他税费明细账一起在三栏明细账中设置。

五、设置固定资产明细账

固定资产是一类特殊的资产，每次购进或建造的固定资产数量较少，同一型号的固定资产一般不会重复购进或建造，因此，固定资产以建立卡片账为宜。楚风公司对现有固定资产都建立了卡片账，图 2—13 是办公楼的固定资产卡片账。

武汉楚风家具有限公司

固定资产卡片账　　编号：A0001

固定资产名称	办公楼	规格型号	3层	建账日期	20×0年5月20日
原始价值(元)	1800000.00	取得时间	20×0年5月	取得方式	自建
使用(管理)部门	行政办公室	投入使用时间	20×0年6月	预计使用年限	50年
折旧年限	20年	预计净残值(元)	72000.00	折旧方法	年限平均法
暂停使用记录		改良支出记录		调拨记录	
开始时间	终止时间	支出日期	支出金额(元)	时　间	调入部门(单位)
处　置　记　录					
处置日期		处置方式		处置净收益(元)	

图 2—13　固定资产卡片账样式

楚风公司固定资产较多,其固定资产账户明细记录可归纳为表 2—5。

表 2—5 楚风公司 20×1 年末固定资产账户记录汇总表

使用部门	资产类别	总价(元)
行政管理	房屋建筑物	2 848 000.00
	机器设备	40 000.00
	运输工具	100 000.00
	工具家具	109 100.00
	电子设备	14 400.00
销售部	工具家具	9 700.00
	电子设备	3 600.00
制作车间	房屋建筑物	1 800 000.00
	机器设备	1 140 000.00
油漆车间	房屋建筑物	1 200 000.00
	机器设备	180 000.00
合　计		7 444 800.00

相关知识与说明

每项固定资产进入企业应及时设置一张卡片账,记录该项固定资产从进入企业开始到退出企业的整个生命周期所发生的主要情况。固定资产卡片账长期使用,不需更换。

固定资产卡片账没有统一的格式,由企业根据实际情况和管理要求设计。固定资产卡片账的格式可以分类设计,也可使用统一格式。一般地,固定资产卡片账的内容应当包括:类别、编号、名称、规格型号、原始价值、取得时间、取得方式、投入使用时间、使用(管理)部门、折旧年限、预计净残值、折旧方法、暂停使用情况、改良支出情况、内部调拨情况和最终处置情况。

固定资产卡片账可以统一编号,也可分类编号。图 2—13 为分类编号,“A”代表房屋建筑物(相应地,“B”代表机器设备,“C”代表运输工具,“D”代表工具家具,“E”代表电子设备),“0001”为该类序列号。卡片账的编号也就是固定资产的编号。

为防止卡片遗失,还应设立固定资产卡片登记簿,其样式如表 2—6 所示。

表 2—6　固定资产卡片登记簿

固定资产类别：

编　号	开　设		注　销	
	时　间	凭证号	时　间	凭证号

企业固定资产管理部门也应设置固定资产卡片账，记录固定资产的基本情况，包括名称、规格型号、生产或承建单位、原始价值、取得时间、取得方式、投入使用时间、使用（管理）部门、使用人、维修情况、内部调拨情况和最终处置情况等。对于机器设备，企业固定资产管理部门还应在上面贴上标签，以确定与固定资产卡片账的对应关系。财务部门要定期与固定资产管理部门核对账目。

固定资产可以分类设置明细账，使用三栏式账簿，只登记金额，不登记数量。

项目三

取得和审核原始凭证

学习目标：

1. 能适时取得并正确审核原始凭证。

2. 熟悉原始凭证的来源、类别、基本内容和填制要求，掌握原始凭证的审核内容和方法。

3. 培养集体观念和求实精神，工作中既要讲求团结协作、相互配合，又要做到坚持原则、求真务实。

任务清单

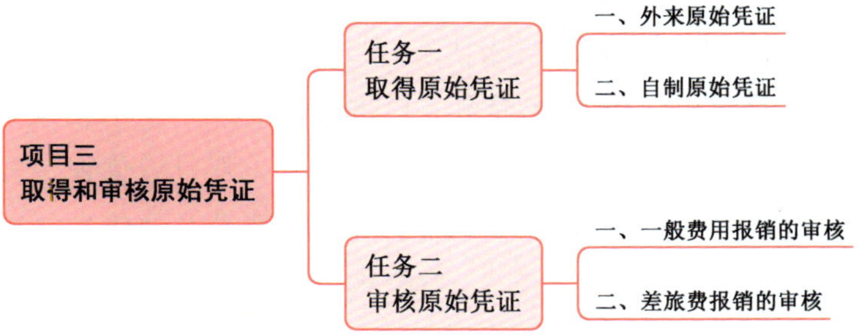

任务一　取得原始凭证

原始凭证记录经济业务，是会计核算的依据，会计人员必须从有关部门和人员那里取得原始凭证。会计工作需要其他人员的配合，会计人员也要配合其他人员工作。我们应具备集体观念，讲求团结协作，共同做好企业各项工作。

原始凭证是企业业务人员在办理业务时填制或取得的，按其来源不同分为外来原始凭证和自制原始凭证。

一、外来原始凭证

楚风公司外来原始凭证主要由供应商、开户银行和相关业务人员提供。

（一）供应商提供的原始凭证

楚风公司从其他企业购进各种原材料和其他物资，都会取得增值税专用发票。楚风公司接受其他企业服务，也取得增值税专用发票，但接受餐饮服务时取得增值税普通发票。发票由供应商寄交财务部，或由业务人员向供应商索取后交财务部。

相关知识与说明

外来原始凭证是由其他单位填制并提供的，证明该单位与本企业发生业务往来的原始凭证。外来原始凭证主要有发票和收据。

一、发票

发票与收据

发票是交易证明，发生交易时一般应由销售方向购买方开具发票。发票分为专用发票、普通发票和专业发票。

专用发票适用于特定业务或特定对象，用途特殊，最为常见的专用发票是增值税专用发票。增值税专用发票由增值税一般纳税人使用，向增值税一般纳税人开具。增值税专用发票的联次一般为三联，第一联是记账联，销售方用作记账凭证，第二联是抵扣联，购买方用作增值税抵扣凭证，第三联是发票联，购买方用作记账凭证。取得增值税专用发票时，应将本企业的全称、纳税人识别号、注册地址、电话、开户银行和账号告知销售方，并同时取得发票联和抵扣联。

普通发票有各种不同样式，在一般情况下使用，只是一种交易证明。增值税一般纳税人使用的增值税普通发票没有抵扣联，其增值税额不能抵扣。

专用发票和普通发票由税务机关管理、发售，上面套印税务机关发票监制章，须在规定的地域和业务范围内开具。

专业发票一般由政府主管部门自行管理，或经政府主管部门授权由企业自行管理，如银行收费单据、火车票、飞机票、公共汽车票等。

二、收据

收据是收款证明，收付款时一般应由收款方向付款方开具收据。交易时钱货两清，只需开具发票，发票上由收款人签名或盖章，其他情况下，应另开收据。如果付款人有其他付款证明，可不要收据。

（二）开户银行提供的原始凭证

楚风公司与其他单位的经济往来都要通过银行进行结算，楚风公司与银行之间也会有资金往来，因此会产生很多银行单据。

楚风公司从开户银行取得的原始凭证主要有银行收款、付款凭证和业务收费凭证。开户银行会将这些单据存放于银行回单柜中，由出纳负责取回单据，转交会计进行账务处理。我们可以不时提醒出纳及时取回单据。

楚风公司开通了网上银行，出纳可通过网上银行打印网上银行电子回单，以代替银行单据。

相关知识与说明

银行作为资金结算的中介机构，它为各单位提供资金结算服务而产生的资金往来证明（即银行结算单据）是各单位与银行进行账务核对的重要凭据，是法律认可的证据，也是银行和各单位进行会计核算的原始凭证。

企业向其他单位付出款项应通过银行结算，如果是小额款项（1 000 元以下），可以使用现金。

银行结算

银行结算有多种方式，分为票据结算方式和非票据结算方式，都由出纳负责办理。同城一般使用支票，支票是用得最多的一种票据结算方式，异地多使用电汇。但自从有了网上银行，其他结算方式就很少采用了，因为网上银行更简便、快捷、安全，并且不受时空限制。

（三）业务人员提供的原始凭证

楚风公司的业务人员外出办理各种事务，会发生一些费用，取得相应的票据，如车票、船票、机票、购物发票、餐饮发票、住宿发票等等。这些票据一般由当事人填写费用报销单或差旅费报销单进行报销。

二、自制原始凭证

楚风公司自制原始凭证来自各职能部门，也可从财务部门内部产生。

（一）各职能部门提供的原始凭证

楚风公司各职能部门在履行职责时会产生一些记录经济业务的原始凭证，业务经办人员应主动向我们提供原始凭证，有时他们提供原始凭证不及时或不齐全，我们应向他们索要。

相关知识与说明

自制原始凭证是由企业内部人员填制的，用来说明相关情况，证明企业内部物资转移、企业与外部发生交易或资金往来的原始凭证。

企业各职能部门在履行职责时会产生很多原始凭证，须提交财务部门进行账务处理或作为账务处理的依据。如行政管理部门持有的企业有关机构（股东会、董事会、行政办公会）或领导就资金和物资使用及其他事项所作的专门决议、批示，人事管理部门就职工工资、福利所填制的单据，供应部采购材料的材料入库单，生产车间领用材料的领料单和产品生产情况报告单，仓库收进产品的产品入库单和发出产品的产品出库单，等等。

有的原始凭证在较长的时间内有效，是会计人员处理相关业务的依据，如职工工资变动通知单，这样的原始凭证应当另行保管。有的原始凭证在1个月内数量较多，如领料单、产品出库单，可以对这样的原始凭证进行汇总，将汇总表作为账务处理的依据，而将相应的原始凭证另行装订保管。

（二）财务部门内部产生的原始凭证

财务部门内部也会产生一些原始凭证，如对外销售产品开具的发票、收取款项时开具的收据、支付款项时填制的支票存根等。另外，在进行账务处理时，会计可能还需要根据取得的原始凭证编制原始凭证汇总表，或根据账簿记录计算一些数据、编制相关表格，作为编制记账凭证的依据。财务部门内部的原始凭证比较容易得到。

相关知识与说明

一、原始凭证来源

原始凭证由相关部门和相关人员填制或取得，然后提交财务部门进行账务处理。常见原始凭证来源如表3—1所示。

表3—1　　常见原始凭证来源一览表

凭证名称	出自部门	提供人员	备　注
材料发票	供应部	采购员	可由供应商直接寄交财务部门
材料入库单	供应部	采购员	
领料单	仓库	保管员	可由生产车间干事提交
产品生产情况报告单	生产车间	干事	
产品入库单	生产车间	干事	可由仓库保管员提交
产品出库单	仓库	保管员	
产品销售发票	财务部	开票人	
付款申请单	业务部门	经办人	
费用报销单	业务部门	经办人	包括费用发票(收据)
差旅费报销单	业务部门	出差人	包括车、船、机票,住宿、会议发票(收据)
银行收款凭证	财务部	出纳	可用网上银行电子回单代替
银行付款凭证	财务部	出纳	可用网上银行电子回单代替
银行收费凭证	财务部	出纳	可用网上银行电子回单代替
缴税凭证	财务部	出纳	可用网上银行电子回单代替

二、原始凭证的分类

原始凭证可按不同标志分成不同类别。

(一)按来源分类

原始凭证按其来源不同分为外来原始凭证和自制原始凭证。自制原始凭证又可以分为对外使用和内部使用两类。对外使用的原始凭证是企业与外部经济来往时填制的,提供给其他单位单据的复制件或存根,如发票的记账联、收据的记账联、支票的存根联等,内部使用的原始凭证是企业各部门处理事务时的记录及相关说明,如领料单、产品出库单、产品生产情况报告单等。

(二)按填制手续分类

原始凭证按填制手续不同分为一次原始凭证、累计原始凭证和汇总原始凭证。一次原始凭证是指只反映一项经济业务或同时记录若干项同类性质经济业务的原始凭证,其填制手续是一次完成的,外来原始凭证都是一次原始凭证。累计原始凭证是指在一定时期内(一般以1个月为限)连续记录同类经济业务的原始凭证,其填制手续是随着经济业务事项的发生而分次进行的,如限额领料单。汇总原始凭证是指根据一定时期内反映相同或相关经济业务的多张原始凭证，汇总编制而成的原始凭证，以集中反映某项经济业务总括发生情况，如工资汇总表。

三、原始凭证的内容和填制要求

（一）原始凭证的内容

原始凭证有很多具体种类，不同原始凭证的内容不同。一般说来，原始凭证的基本内容包括：(1)原始凭证名称和编号；(2)填制凭证的日期；(3)填制凭证单位的名称或签章；(4)接受凭证单位的名称；(5)经济业务内容及其数量、计量单位、单价和金额；(6)经办人员的姓名。

（二）原始凭证的填制要求

填制原始凭证应做到内容真实、记录完整、文字清晰、书写规范、计算准确、填制及时。《会计法》规定，原始凭证记载的各项内容均不得涂改；原始凭证有错误的，应当由出具单位重开或者更正，更正处应当加盖出具单位印章，原始凭证金额有错误的，应当由出具单位重开，不得在原始凭证上更正。

四、原始凭证的受理

原始凭证一般由会计亲自受理并审核，如果会计不在，业务经办人应另找时间提交原始凭证。有的小型企业未设专职会计，可由出纳受理、审核原始凭证，并根据领导批示向当事人收款或付款，然后将所有单据转交会计进行账务处理。

《会计法》规定，企业对于已经发生的交易或者事项，应当及时进行会计确认、计量和报告，不得提前或者延后。这是会计核算的及时性原则。

任务二　审核原始凭证

会计人员应当对原始凭证进行认真的审核。原始凭证的审核应根据原始凭证的种类区别对待，重点是报销单据。

报销是企业业务人员在经营活动中向其他单位支付各种费用并取得发票或收据，然后把发票或收据提交企业财务部门请求补给支出金额或冲销其借支的经济活动。报销应按企业规定程序进行，一般应由业务人员填写报销单，经领导核准后，财务部门才予以报销。用于报销的相关发票或收据即为报销单据。报销通常分为一般费用报销和差旅费报销。

一、一般费用报销的审核

一般费用是指业务人员依据企业管理制度或经领导同意，为履行职责或完成某项任务支付或垫付的一些小额费用，如购买办公用品、招待来宾、加油、支付路桥费等等。一般费用报销可由当事人填写费用报销单，或者由当事人、验收人（证明人）、相关领导在报销单据上签字。

对于一般费用报销，我们应从以下几方面进行审核：(1)票据是否合法。(2)报销项目是否符合财务管理制度。(3)报销单记载金额是否与票据一致。(4)报销单和票据内容填写是否完整、规范。(5)报销手续是否完备。(6)单据数量是否准确。

20×2 年 1 月 14 日，后勤主管吴汉华提交 1 张费用报销单，如图 3—1 所示，费用报销单后面附发票 1 张，如图 3—2 所示。

武汉楚风家具有限公司

费 用 报 销 单

20×2 年 1 月 14 日　　附单据 1 张

部门	事由	金额 十	万	千	百	十	元	角	分	备注
行政办公室	购办公用品				3	6	0	0	0	
合计金额（大写）	叁佰陆拾元整			¥	3	6	0	0	0	

公司领导：张丹新　　部门领导：何文　　报销人：吴汉华

图 3—1　后勤主管提交审核的费用报销单

湖北省税务局通用手工发票

发票联

发票代码042011223501

发票号码04362835

付款单位：　　20×2年 1 月 13 日

项目内容	金额 百	十	元	角	分	备注
办公用品	3	6	0	0	0	
合计人民币（大写） 叁 佰 陆 拾 元 角 分						

第二联 发票联

（印章：……文化用品商店有限公司 91420104478965423472 发票专用章）

收款单位名称：　　开票人：李

收款单位税号：

图 3—2　后勤主管用于报销的发票

经过审核，我们发现这张发票存在问题：一是内容填写不完整，付款单位未填写（收款单位名称和税号可不填写，由发票专用章说明），没有小写金额合计。二是“项目内容”不明确，办公用品应在发票上一一列明是什么办公用品、金额各是多少，或另附清单说明。三是填写不规范，大写金额的元、角、分位应写“零”，不能划线，开票人应写全名。对于这张发票，我们应要求当事人找开票单位更正、补充，然后再受理。

20×2 年 1 月 16 日，行政办公室主任何久提交 1 张费用报销单，如图 3－3 所示，费用报销单后面附收据 1 张，如图 3－4 所示。

武汉楚风家具有限公司

费 用 报 销 单

20×2 年 1 月 16 日　　附单据 1 张

部 门	事 由	金额								备 注
		十	万	千	百	十	元	角	分	
行政办公室	业务招待费				3	8	0	0	0	
合计金额（大写） 叁佰捌拾元整				¥	3	8	0	0	0	

公司领导：张开新　　部门领导：　　报销人：何久

图 3－3　行政办公室主任提交审核的费用报销单

收 款 收 据　　19002201

20×2 年 1 月 15 日

今收到 楚风公司

人民币（大写） 叁佰捌拾元整　　（小写）￥ 380.00

收款事由 进餐费

②收据联

单位盖章：　　会计：　　出纳：　　经手人：李

（印章：914201061825170637 发票专用章）

图 3－4　行政办公室主任用于报销的收据

对于这笔报销业务，我们发现问题在于所附收据。招待客户进餐应索取发票，收据不能作为报销凭据，它是不合法的原始凭证。我们应要求当事人向进餐地点索要发票，重新报销。

相关知识与说明

一、原始凭证的审核要求

对原始凭证进行审核，是会计监督职能的具体体现，是《会计法》赋予会计人员的基本权利。原始凭证的审核应从以下几方面进行。

（一）真实性

原始凭证审核

原始凭证的真实性是指原始凭证所记录的经济业务是否真实发生，原始凭证是否对经济业务进行了如实记录，原始凭证是否伪造，是否歪曲事实。

因为会计人员没有参与经济业务，也不可能去作调查，所以会计人员只能根据经验从原始凭证表面进行审核，主要看原始凭证是否有伪造痕迹，原始凭证记录内容中是否存在疑点，凭证之间能否相互印证。原始凭证的真实性主要由有关领导把关。

（二）合法性

企业与其他单位发生经济往来，都应当取得合法票据，其中交易行为应当取得发票，不能以其他单据代替。对票据的合法性审查须注意以下几方面。

1. 票据真伪

发票由税务机关指定企业印制，套印税务机关发票监制章，财政票据由财政机关指定企业印制，套印财政机关票据监制章，专业发票上面一般会有特别标识或图案。正规票据印刷质量较好，有的还有水印（在纸张内层）。假票据印刷质量较差，纸质粗糙，字迹模糊，往往有明显的仿造痕迹。票据真伪可通过肉眼、手感鉴别。

2. 票据出处

发票由使用企业向税务机关领购，财政票据由使用单位向财政机关领购，税务机关和财政机关有票据发售记录。各单位对外提供的票据必须使用自己领购的，不得使用其他单位领购的票据。会计人员可向税务机关或财政机关查询。对于发票可通过拨打税务机关12366服务热线或进入税务机关网站查询确认发票出处及真伪。

3. 票据填写

票据有其规定使用范围，不得超出范围开具，否则是不合法的、无效的。手写票据应当有复写痕迹，机打票据除特定内容外不能手写。

（三）完整性

原始凭证的完整性包括以下几方面内容。

1. 内容完整

检查每张单据上该填写的项目是否都填写了，包括填制日期、接受单位名称、经济业务内容、数量、单价、金额、填制人姓名和填制单位发票专用章或财务专用章。汇总发票应有清单，清单须盖有发票专用章或财务专用章。

2. 单据齐全

一笔业务可能涉及多张原始凭证，这些原始凭证形成一个完整的证据链。如果缺少其中一张原始凭证，证据链就会断裂。比如购进货物，一般应有验收人或领用人签名，或提供验收单。

3. 手续完备

检查经济业务的发生是否有相关领导批示，结果是否得到相关领导的认可，是否符合企业管理制度。

(四)正确性

审核原始凭证的正确性应注意以下几个方面。

1. 数量、单价、金额相符

每张原始凭证上记录的各项经济业务的数量与单价的乘积应与其金额相符，单项金额总和应与合计金额相符，金额大小写应当一致。

2. 相关原始凭证相符

一笔业务可能涉及多张原始凭证，或者几张原始凭证反映紧密联系的经济业务，相关原始凭证上的数量、单价、金额应当相符。

3. 符合企业相关规定

有些金额的计算需要按照企业相关规定进行。例如出差补助、领用材料成本、发出商品成本的计算等，企业有规定的计算方法。

(五)规范性

对于原始凭证填写的规范性，应检查文字书写是否清晰可辨、金额大小写是否符合规范、原始单据的粘贴是否符合要求。

二、金额填写规范

在各种正规单据(特别是票据)上填写金额时，应遵从以下规范。

(一)人民币标识

中文大写金额数字前应标明“人民币”字样，大写金额数字应紧接“人民币”字样填写，不得留有空白。大写金额数字前未印“人民币”字样的，一般应加填“人民币”三字。小写合计金额数字前面，应填写人民币符号“¥”，单项金额数字前面，可以不填写人民币符号“¥”。对于印有位数的单据，最高位上有数字的可以不写人民币符号“¥”。

（二）大写数字

中文大写金额数字应用正楷或行书填写，大写数字：零、壹、贰、叁、肆、伍、陆、柒、捌、玖、拾、佰、仟、万、亿，不得自造简化字，可以使用繁体字。

（三）“整”（或“正”）的使用

中文大写金额数字到“元”为止的，“元”后应写“整”（或“正”）字；到“角”为止的，“角”后可以写也可以不写“整”（或“正”）；大写金额数字有“分”的，“分”后面不写“整”（或“正”）字。

（四）“0”的处理

小写金额数字中有“0”时，中文大写应按照汉语语言规律、金额数字构成和防止涂改的要求进行书写。举例如下：

（1）中间有“0”时，中文大写金额要写“零”字。如￥1 409.00，应写成人民币壹仟肆佰零玖元整。

（2）中间连续有几个“0”时，中文大写金额中间可以只写一个“零”字。如￥6 007.14，应写成人民币陆仟零柒元壹角肆分。

（3）万位或元位是“0”，或者数字中间连续有几个“0”，万位、元位也是“0”，但千位、角位不是“0”时，中文大写金额中可以只写一个零字，也可以不写“零”字。如￥1 680.32，应写成人民币壹仟陆佰捌拾元零叁角贰分，或者写成人民币壹仟陆佰捌拾元叁角贰分；又如￥107 000.53，应写成人民币壹拾万柒仟元零伍角叁分，或者写成人民币壹拾万零柒仟元伍角叁分。

（4）角位是“0”，而分位不是“0”时，中文大写金额“元”后面应写“零”字。如￥16 409.02，应写成人民币壹万陆仟肆佰零玖元零贰分。

三、不同类别原始凭证的审核

审核原始凭证应按审核要求进行，对不同类别原始凭证审核时需要注意的问题有所不同。

（一）外来原始凭证

外来原始凭证涉及企业的成本、费用和税收的计算，政策性较强，种类和数量较多，来源分散，应区别对待不同单据。

1. 发票和收据

对发票和收据应重点审核手工发票和普通收据，这两种原始凭证在真实性、合法性和规范性方面往往会存在一些问题。

增值税专用发票和机打普通发票的打印软件或装置对发票填写进行了规范设计，税务收据和财政收据要接受税务机关和财政机关的监督，定额发票不需要填写，这些票据通常较为规范，一般只需进行真实性审核。

2. 银行单据

银行单据有其规范，并且已由银行进行了审核，企业一般不需要再审核，直接用作会计核算的原始凭证。

3. 车、船、机票

车、船、机票的式样经过了相关部门审查，在填写方面各有规范，一般只需进行真实性审核。

（二）自制原始凭证

自制原始凭证一般不存在真实性和合法性问题，只需要关注填写方面。

1. 对外使用的原始凭证

企业对外使用的原始凭证一般出自财务部门，由专业的会计人员填制，较为规范，一般不需要审核。

2. 内部使用的原始凭证

企业内部使用的原始凭证因填制人员的业务素质参差不齐，应重点审核完整性、正确性和规范性。

四、原始凭证的受理和更正

会计人员只能受理符合审核要求的原始凭证，对于不符合审核要求的原始凭证，应要求相关业务人员更换或更正。

（一）原始凭证的受理

《会计法》规定，会计机构、会计人员必须按照国家统一的会计制度的规定对原始凭证进行审核，对不真实、不合法的原始凭证有权不予接受，并向单位负责人报告；对记载不准确、不完整的原始凭证予以退回，并要求按照国家统一的会计制度的规定更正、补充。

（二）原始凭证的更正

原始凭证所记载的各项内容均不得涂改，随意涂改原始凭证即为无效凭证，不能作为会计核算的依据。原始凭证记载的内容有错误的，应当由开具单位重开或更正，并在更正处加盖出具单位印章。原始凭证金额出现错误的不得更正，只能由原始凭证开具单位重新开具。原始凭证开具单位应当依法开具正确完整的原始凭证，对于填制有误的原始凭证，负有更正和重新开具的法律义务。

差旅费报销单和费用报销单上金额发生错误时，金额需要改小的，可由报销人更改，金额需要改大的，应当将报销单作废并重新填写。会计人员不得自行更改原始凭证。

五、报销事务办理

报销手续一般在企业财务管理制度中规定。一般由经办人填写报销单，附上原始单据，按企业内部权限划分情况提交相关领导审批，财务部门予以报销。

二、差旅费报销的审核

差旅费一般作为一类费用报销，由出差人填写差旅费报销单。

对于差旅费报销，我们应从以下几方面进行审核：(1)票据是否合法。(2)报销项目是否符合财务管理制度。(3)出差时间填写是否与有关票据相符。(4)出差补助计算是否正确。(5)报销单记载金额是否与有关票据一致，报销金额是否正确。(6)报销单和票据内容填写是否完整、规范。(7)报销手续是否完备。(8)单据数量是否准确。

20×2 年 1 月 26 日，销售部部长赵伟提交 1 张差旅费报销单，如图 3—5 所示，差旅费报销单后面附有相关票据，分别如图 3—6、图 3—7、图 3—8 所示。

武汉楚风家具有限公司

差旅费报销单

20×2 年 1 月 26 日　　　　附单据 5 张

出差人		赵伟	出差地		上海	出差事由		市场调研			同行人员	无	
行程						交通费		出差补助				其他费用	
月	日	起点	月	日	终点	交通工具	金额	人数	天数	标准	金额	项目	金额
1	20	武汉	1	24	上海	高铁	602.00	1	4	50.00	200.00	住宿	1944.00
												的士	60.00
报销金额（大写）		贰仟捌佰零陆元整								其中增值税			

公司领导：张开新　　　　部门领导：　　　　报销人：赵伟

图 3—5　销售部部长提交审核的差旅费报销单

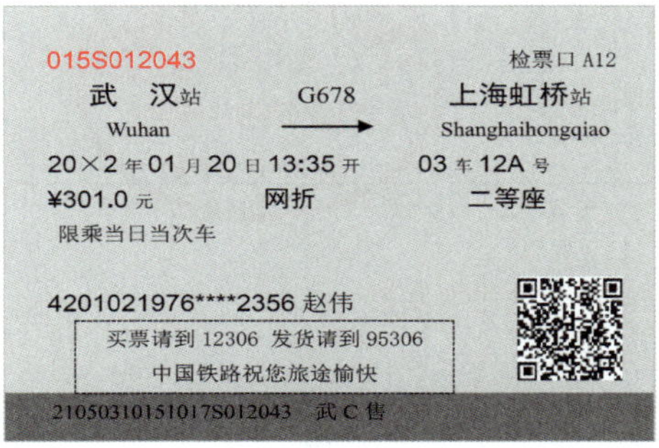

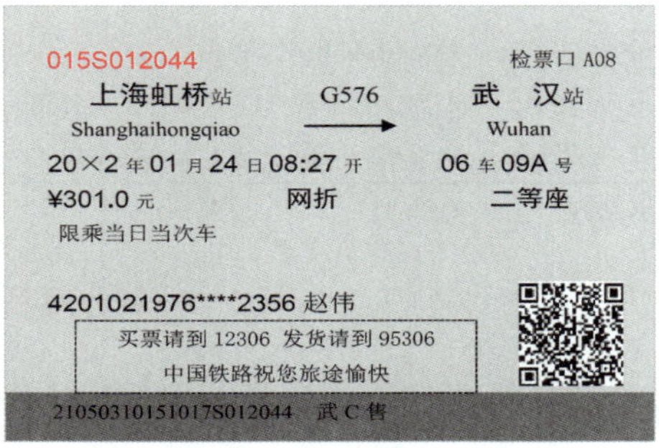

图 3—6　销售部部长用于报销的火车票

湖北省客运出租车发票
发票联

发票代码：042011671003
发票号码：86932273
发票查询电话：(027)12366
发票查询网址：http://swcx.hb-n-tax.gov.cn/hbsw4/

手写无效

车号：A-X7612
证号：100046
日期：20×2-01-20
上车：12:26
下车：12:52
单价：1.80
里程：15.65
等候：00:04:05
金额：￥30.00
卡号：
原额：
余额：

鄂税征表印字6151030023号新文2022年5月印

湖北省客运出租车发票
发票联

发票代码：042011036107
发票号码：86927323
发票查询电话：(027)12366
发票查询网址：http://swcx.hb-n-tax.gov.cn/hbsw4/

手写无效

车号：A-Y7261
证号：100352
日期：20×2-01-24
上车：12:52
下车：13:19
单价：1.80
里程：15.58
等候：00:03:25
金额：￥30.00
卡号：
原额：
余额：

鄂税征表印字6151030023号新文2022年5月印

图 3—7　销售部部长用于报销的出租车票

3100156141　　**上海增值税专用发票**　　№ 00089252

发票联

开票日期：20×2年01月24日

购买方	名　　称：武汉楚风家具有限公司 纳税人识别号：9142010038MA4U65D1 地址、电话：武汉市楚风路1号 027-81886688 开户行及账号：工商银行武汉楚风支行 62230286123618	密码区	2-4>57-743+2+3<9+216+8/30+3 656-4-5+>6/01>4*8<7*8-4>0+8 92+54<33-270<4*/48*/36+9*47 4+35*8+7*-3-<37/+2->32>25/5

货物或应税劳务、服务名称	规格型号	单位	数量	单价	金额	税率	税额
住宿费		天	4	462.857	1833.96	6%	110.04
合　计					1833.96		110.04
价税合计（大写）	ⓧ壹仟玖佰肆拾肆圆整				（小写）￥1944.00		

销售方	名　　称：上海新大洲酒店有限公司 纳税人识别号：913101095886716646 地址、电话：上海市黄浦路112号 021—84215680 开户行及账号：建设银行上海黄浦支行 681564269018732	备注	上海新大洲酒店有限公司 913101095886716646 发票专用章

收款人：杜鹏　　复核：　　开票人：张倩　　销售方：（章）

第三联　发票联　购买方记账凭证

图 3—8　销售部部长用于报销的住宿发票

经过审核，我们发现根据楚风公司财务管理制度（参见项目一任务三中“企业财务管理制度”）规定，的士费不能报销，应予去掉，当事人出差时间从1月20日到1月24日，自然天数(头尾都算)为 5 天,出差补助应为 250.00 元,差旅费报销单上填写为 200.00 元不正确。我们应要求当事人按公司制度规定重新填写差旅费报销单,重新办理报销手续。

我们在办理报销事务时应坚守国家法律法规和企业财务管理制度,体现出自己的职业操守,刚正不阿,对于违反国家法律法规和企业财务管理制度的开支,即使领导已经批准,也不能照办。但要注意处事的方式方法,做到态度诚恳、言语温和、不急不躁、有理有据、解释细致、建议可行,取得别人的谅解,消除别人不满和抵触,维护良好的同事关系。

相关知识与说明

差旅费包括出差人在出差过程中所发生的交通费、人身保险费、住宿费、会务费等,这些费用应凭票报销(其中市内交通费可根据企业制度规定实行定额报销,不需发票),按企业制度规定给予的出差补助,计入差旅费。其他费用不能计入差旅费,一般应另行报销。

出差补助一般按自然天数计算。自然天数应根据车、船、机票上记载的离开和回到企业所在地的时间确定(离开时间可适当提前,回来时间可适当推后)。

有的企业对不同级别人员出差待遇(可乘坐的交通工具及其等级、住宿标准等)有规定,出差人超过规定的,须经领导特批(在相应票据上签字),未经特批的不能报销。

差旅费报销一般涉及增值税。业务人员可能不会计算增值税,可将差旅费报销单上的“其中增值税”栏(有的没有列明)空着,由会计人员补填。

项目四

处理日常经济业务事项

学习目标：

1. 能熟练处理材料采购和领用业务、产品销售业务、费用报销业务、职工薪酬和公用事业费支付业务以及其他经济业务事项。

2. 熟悉日常经济业务事项的处理程序和方法，掌握相关会计科目的核算内容。

3. 培养细心、耐心、热心、真心的品质，不断学习新知识，跟上时代发展步伐。

任务清单

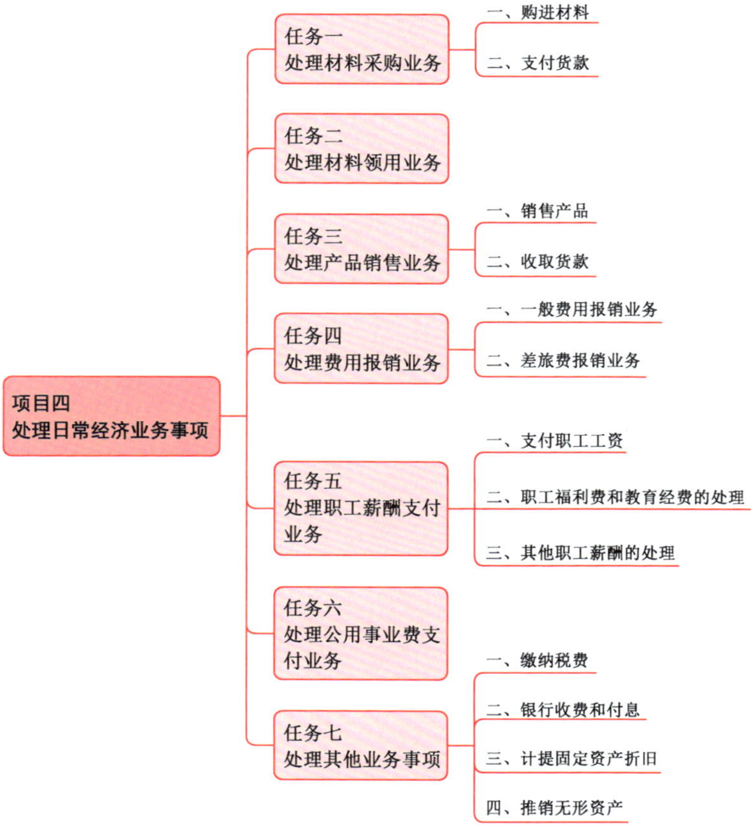

任务一 处理材料采购业务

工业企业生产产品需要从其他企业购进原材料，向本企业销售货物、提供劳务（服务）的单位都是本企业的供应商。材料采购通常分为购货和付款两个环节，这两个环节可以分开进行，也可以同时进行，它们共同构成采购循环。

一、购进材料

企业从供应商购进原材料，应取得购货发票。材料运回企业，要进行验收，办理入库手续，填写材料入库单。购货发票和材料入库单由采购员交到财务部门。

20×2 年 1 月 4 日采购员周林交来购货发票和材料入库单各 1 张，如图 4—1 和图 4—2 所示。

4200014120 **湖北增值税专用发票** № 20135653

发票联

开票日期：20×2 年 01 月 04 日

购买方	名　　称：	武汉楚风家具有限公司	密码区	2>2+587*6731>4143++86/0*4-5
	纳税人识别号：	9142010038MA4U65D1		5-22/47-70<*86++94<33/36<-3
	地址、电话：	武汉市楚风路 1 号 027-81886688		52-4-6+2-4>7+8<9+4*38>52+36
	开户行及账号：	工商银行武汉楚风支行 62230286123618		80/5*8+*-3-<32+->37/40+94>0

货物或应税劳务、服务名称	规格型号	单位	数量	单价	金额	税率	税额
螺钉	25	盒	500	10.00	5000.00	13%	650.00
合　计					5000.00		650.00
价税合计（大写）	⊗伍仟陆佰伍拾圆整				（小写）¥5650.00		

销售方	名　　称：	武汉茂源标准件有限公司	备注	武汉茂源标准件有限公司 914201021285645668 发票专用章
	纳税人识别号：	914201021285645668		
	地址、电话：	武汉市汉北路 10 号 027-82131211		
	开户行及账号：	汉口银行武汉汉北支行 612185243702116		

收款人：　　复核：　　开票人：王芳　　销售方：（章）

第三联 发票联 购买方记账凭证

图 4—1　采购螺钉的材料发票

武汉楚风家具有限公司

材料入库单 CLRK005001

20×2 年 1 月 4 日

材料来源：武汉茂源标准件有限公司

材料名称	规格型号	单位	交库数量	实收数量	备注
螺钉	25	盒	500	500	

②财务

交库人：周林　　　　收货人：张强

图 4—2　螺钉的材料入库单

这两张原始凭证表明采购员周林从武汉茂源标准件公司购进螺钉 500 盒，金额 5 000.00 元，增值税 650.00 元，螺钉经仓库保管员张强验收入库。

购进货物，应当支付货款，但这笔业务没有付款单据，为此我们应该查看账簿记录。在三栏明细账中，我们已经设置了“预付账款——武汉茂源标准件公司”账户，我们应将这笔货款记入该账户。

掌握了这笔业务的相关情况，我们应当编制如图 4－3 所示的记账凭证，将购货发票和材料入库单作为原始凭证粘贴在记账凭证后面（以后都照此办理）。

记 账 凭 证　　字第　　号

20×2 年 1 月 4 日

摘要	科目：总账科目	科目：明细科目	借方金额（千百十万千百十元角分）	贷方金额（千百十万千百十元角分）	✓
购螺钉	原材料	螺钉	5 0 0 0 0 0		
	应交税费	应交增值税（进项税额）	6 5 0 0 0		
	预付账款	武汉茂源标准件公司		5 6 5 0 0 0	
合计			¥ 5 6 5 0 0 0	¥ 5 6 5 0 0 0	

附单据 2 张

会计主管：　记账：　出纳：　复核：　制单：李明

图 4—3　采购螺钉的记账凭证

楚风公司为增值税一般纳税人，取得增值税专用发票，其上注明的税额可以记为进项税额抵扣。

记账凭证上的日期是处理该项业务的日期（如果指明原始凭证的取得日期则为该日期，

否则约定按该项业务的原始凭证中最后日期确定);记账凭证的字号先空着,以后再填写;记账凭证中的"摘要"是对经济业务进行概括描述,是一句简短的话,从句子成分来看,一般只需主语、谓语和宾语,当主语为会计主体时可以省略;记账凭证中的总账科目根据经济业务所涉及的内容从科目表中选取,可使用会计科目章;记账凭证中的明细科目根据实际情况和管理要求填写;记账凭证所附单据数量为原始凭证份数;记账凭证上的空白行应予划销;记账凭证的制单人就是我们自己。

我们可以用长尾夹将编制好的记账凭证夹起来,以免丢失。以后编制好的记账凭证都夹在一起,不再赘述。

处理这种业务,我们一定要细心,仔细检查原始凭证,认真察看账簿记录,用心核对记账凭证,妥善保管会计资料。

相关知识与说明

一、经济业务处理程序

对于每一笔经济业务都应按照以下程序进行处理。

(一)阅读原始凭证

阅读原始凭证就是要根据原始凭证记载的内容弄清经济业务的类别、发生时间、涉及的相关单位或部门、经办人员、经济业务的具体内容及其数量、计量单位、单价和金额。

(二)审核原始凭证

对于每一张原始凭证要从真实性、合法性、完整性、正确性和规范性等方面进行审核,审核方法参见项目三。只有符合要求的原始凭证才能受理。

(三)编制记账凭证

按照记账凭证的填制要求编制记账凭证,确定经济业务应记在什么账户中,记在借方还是贷方,金额为多少。

(四)登记账簿

记账凭证填制后应交由相关会计人员及时登记入账。登记账簿参见项目五和项目七。在本项目中(包括处理配套教材《基础会计实训》中 20×2 年 1 月份和 2 月份的同类业务事项)暂不登记账簿。

二、记账凭证的填制与复核

记账凭证由会计人员负责填制,为保证记账凭证的正确性,应当对记账凭证进行复核。

（一）记账凭证的填制

填制记账凭证应按以下要求进行。

1. 依据充分

记账凭证必须根据原始凭证编制。根据账簿记录进行结转、更正错账的记账凭证可不附原始凭证，其他记账凭证后必须附有原始凭证。同类原始凭证数量太多的可编制原始凭证汇总表，附在记账凭证后，将原始凭证另行装订保存。

记账凭证的填制

2. 内容完整

记账凭证上的日期、摘要、科目、金额、附单据数量和制单人应一次性填写完整，凭证字号可稍后补填，其他相关人员在履行职责时签名。

3. 科目恰当

记账凭证上的总账科目和明细科目要正确使用，记账凭证上的科目应从原始凭证上反映出来，与经济业务事项相匹配。总账科目一般从财政部给定的科目中选取，不得多一字、少一字、错一字。明细科目一般应列至末级，可适当简写。

4. 计算正确

记账凭证上的金额应能从原始凭证上直接反映出来（原始凭证上有相应的金额或原始凭证的汇总金额），不能直接反映出来的，应在原始凭证上说明计算过程，或者另外编制计算表，记账凭证合计金额应准确无误。

5. 文字清楚

书写时应使用正楷或行书，汉字不得潦草，数字不得连写，要对准金额位，做到容易辨认。有会计科目章的可使用会计科目章。

6. 书写规范

记账凭证要保管很长时间，应当使用档案墨水，防止褪色。如果当时发现记账凭证填错，应作废重填，不在上面更正。

（二）记账凭证的复核

记账凭证的复核一般由凭证所涉及的相关会计岗位负责，企业也可指定专门人员负责。小型企业通常只有一名会计，这种情况下由会计自己复核，记账凭证的复核处可不签名。对记账凭证复核，应先审核原始凭证，然后审核记账凭证。原始凭证的审核参见项目三，记账凭证的审核除根据填制要求进行外，还应注意以下几点：

1. 凭证日期是否合适

记账凭证的日期一般是处理该项业务事项的日期，但实际工作中有时会写成另外的日期，比如，原始凭证取得较晚，填制记账凭证时写成业务发生的日期；又比如，某月最后一天是节假日，处理月末业务事项提前进行，记账凭证的日期写成当月最后一天。如果以前填制的记账凭证已编号入账，所复核记账凭证的日期不应早于以前填制记账凭证的最后日期。如果以前填制的记账凭证未编号入账，所复核记账凭证可以插入到适当位置。

2. 凭证字号是否正确

记账凭证的编号参见项目五。如果以前填制的记账凭证已编号入账，所复核记账凭证的编号不应小于以前填制记账凭证的最后编号。如果以前填制的记账凭证未编号入账，所复核记账凭证可以插入到适当位置。

3. 凭证摘要是否恰当

记账凭证摘要是对经济业务的概括描述，应当指明是什么经济业务，又尽可能做到文字简短。

三、会计分录

记账凭证中最重要的是借贷方向、科目和金额，三者构成会计分录（简称分录）。会计分录是记账凭证的核心内容，在描述某个业务事项如何进行会计处理时通常用会计分录。前述记账凭证的会计分录为：

借：原材料——螺钉　　5 000.00

　　应交税费——应交增值税（进项税额）　　650.00

　　贷：预付账款——武汉茂源标准件公司　　5 650.00

书写会计分录时，借方、贷方总账科目的首字应分别对齐，“贷”与借方总账科目首字对齐，科目按级别依次书写，各级科目之间用“——”号分开，借方、贷方金额错开并将末位分别对齐，金额可用分节号或空格分节，也可不分节，金额如全为整数，可写到元位为止。这是会计分录约定俗成的书写格式。

四、材料采购成本

材料的买价、运回企业发生的各项费用（简称运杂费）和入库前的整理挑选费用计入材料的采购成本。运输过程中的合理损耗不扣减材料的采购成本。

增值税一般纳税人如果没有取得增值税专用发票，相应的增值税不能抵扣，应将增值税计入材料的采购成本。增值税小规模纳税人购进材料，不论取得什么发票，增值税都计入材料的采购成本。

五、购进材料业务的会计处理

购进材料业务一般应取得增值税专用发票和材料入库单，其会计分录是借记“原材料——××材料”和“应交税费——应交增值税（进项税额）”科目，贷记“应付账款——××供应商”或“预付账款——××供应商”科目。如果没有取得增值税专用发票，会计分录中就没有“应交税费——应交增值税(进项税额)”。

“原材料”科目核算企业库存的各种材料,应按照材料名称甚至规格设置明细科目。材料入库记在该科目借方,材料出库记在该科目贷方,该科目期末借方余额反映库存材料成本。

“应交税费”科目核算企业涉及的各种税费,应按照税费名称设置明细科目。企业缴纳的和可以抵扣或减免的税费记在该科目借方,计算出来应当缴纳的税费记在该科目贷方。该科目期末贷方余额反映企业应缴而未缴的税费,若是借方余额,则反映企业多缴或未抵扣完的税费。

“应付账款”科目核算企业因购买材料、商品和接受劳务等经营活动应支付给供应商的款项,一般按供应商设置明细科目。“预付账款”科目核算企业按照合同规定预先支付给供应商的款项,一般按供应商设置明细科目。企业可不设“预付账款”科目,改在“应付账款”中核算。付款记在这两个科目的借方,购买材料、商品和接受劳务应付的款项记在这两个科目的贷方。这两个科目期末借方余额反映企业预(多)付金额,期末贷方余额反映企业应(少)付金额。对于同一供应商,只需要在“应付账款”和“预付账款”其中一个账户下设置明细账户,设定后,与该单位的所有往来(购货或付款)都记入这个账户,货款多付还是少付由账面反映,填制记账凭证时不需考虑。

处理购进货物业务时须查看往来账,如果往来账(“应付账款”或“预付账款”)中已有供应商明细账户,就使用该账户,如果没有,须在“应付账款”账户中新设该供应商的明细账户。

学生练习

处理20×2年1月份和2月份同类业务事项(在配套教材《基础会计实训》中,下同)。

二、支付货款

企业向供应商支付货款,一般通过银行进行结算,由出纳根据领导批示选择适当方式向供应商付款。

20×2年1月8日,采购员周林提交1张付款申请单,如图4—4所示。出纳王丽据此通过网上银行付款,将电子回单转交给我们,如图4—5所示。

武汉楚风家具有限公司

付 款 申 请 单

申请人	周林	所属部门	供应部	申请日期	20×2 年 1 月 8 日
费用金额	¥40906.00	付款方式	□现金 □支票 ☑网银 □电汇 其他______		
事 由	材料款				（□附清单）
收款单位	武汉佳禾木材有限公司		地 址	武汉市汉西路 1 号	
开户银行	农业银行武汉汉西支行		账 号	17028524321168	
联系人		职 务		电 话	027-83231256
部门领导	郭尚明	公司领导	张齐新	备 注	

图 4—4 向供应商付款的申请单

中国工商银行 网上银行电子回单

电子回单号码：000017227391

付款人	户 名	武汉楚风家具有限公司	收款人	户 名	武汉佳禾木材有限公司
	账 号	62230286123618		账 号	17028524321168
	开户银行	中国工商银行武汉楚风支行		开户银行	中国农业银行武汉汉西支行
金 额		¥40,906.00	金 额（大写）		肆万零玖佰零陆元整
交易流水号		00053624	交易时间		20×2年01月08日
中国工商银行 电子回单 专用章		备注：货款			
		记账网点 1260	记账柜员 12	记账日期	20×2年01月08日

重要提示：本回单不作为收款方发货依据，请勿重复记账。 打印日期：20×2年01月08日

图 4—5 向供应商付款的凭证

这张电子回单表明楚风公司向武汉佳禾木材公司支付货款 40 906.00 元。我们应根据以上两张原始凭证填制如图 4—6 所示的记账凭证。

记 账 凭 证

字第 号

20×2 年 1 月 8 日

摘要	科目		借方金额	贷方金额	√
	总账科目	明细科目	千百十万千百十元角分	千百十万千百十元角分	
付货款	应付账款	武汉佳禾木材公司	4090600		
	银行存款			4090600	
合计			￥4090600	￥4090600	

附单据 2 张

会计主管： 记账： 出纳： 复核： 制单：李明

图 4—6 向供应商付款的记账凭证

相关知识与说明

一、付出款项

付款必须按照企业财务管理制度进行，要有相关领导的批示，会计人员（特别是出纳）不得擅自动用企业资金。

企业一般通过银行向其他单位付款。出纳应随时掌握企业的银行存款余额，防止不足支付，必要时向领导报告，以便企业合理调配资金。

二、支付货款业务的会计处理

支付货款业务应取得银行付款凭证或支票存根，其会计分录一般是借记“应付账款——××供应商”或“预付账款——××供应商”科目，贷记“银行存款”科目。

“银行存款”科目核算企业基本存款账户和一般存款账户中的款项，应按开户银行及账户类别设置明细科目。如果企业只有一个存款账户，可以不使用明细科目。收款记在该科目借方，付款记在该科目贷方，该科目期末借方余额反映企业当时存款金额。

处理支付货款业务时须查看往来账，如果往来账（“应付账款”或“预付账款”）中已有供应商明细账户，就使用该账户，如果没有，应在“预付账款”（也可用“应付账款”）中新设该单位的明细账户。一般地，第一次与一家供应商交易时，先收货（取得发票）后付款用“应付账款”，先付款后收货用“预付账款”。

三、采购循环

购进材料和支付货款构成采购循环，账务处理时可以分为两笔业务，也可以合为一笔业务。

如果购进材料与支付货款的原始凭证在同一天取得，可以将两项业务合并处理，借记“原材料——××材料”和“应交税费——应交增值税(进项税额)”科目，贷记“银行存款”科目。如果只是支付部分货款，还是作两笔业务处理较好。

材料采购业务的会计处理

为了清楚反映企业之间购销货物的应收应付款情况和实收实付款情况，宜将购销货物业务与收付款业务分开处理，以便双方对账。

采购循环中存在多种不同情况，需要进行不同的会计处理。关于这方面的内容请查阅财务会计书籍。

学生练习

处理20×2年1月份和2月份同类业务事项。

任务二　处理材料领用业务

领用材料应当办理领用手续，填写领料单。领料单一般由领料人或仓库保管员及时或按规定时间交至财务部门。

20×2年1月4日制作车间干事李斌交来1张领料单，如图4—7所示。

武汉楚风家具有限公司

领 料 单 LL005001

20×2 年 1 月 4 日

领料部门：制作车间 用途：生产桌椅

材料名称	规格型号	单位	请领数量	实发数量	备 注
原木	杉木	m^3	22	21.8	
钢条	2000×30×3	根	600	600	
螺钉	25	盒	200	200	

②财务

领料人：李斌 发货人：张强

图 4—7 制作车间的领料单

这张领料单填写完整、规范，它表明制作车间李斌从仓库领取原木 21.8m^3、钢条 600 根、螺钉 200 盒，用于生产桌椅。然而，这张领料单上没有注明领料金额，因此，我们必须从账簿上查找材料价格并计算出领料金额。原材料明细账上显示原木单价为 800.00 元/m^3，钢条单价为 6.00 元/根，螺钉单价为 10.00 元/盒，可计算出这三种材料的领料金额分别为 17 440.00 元、3 600.00 元和 2 000.00 元，我们可将材料金额标注在领料单上，如图 4—8 所示。

武汉楚风家具有限公司

领 料 单 LL005001

20×2 年 1 月 4 日

领料部门：制作车间 用途：生产桌椅

材料名称	规格型号	单位	请领数量	实发数量	备 注
原木	杉木	m^3	22	21.8	17440.00
钢条	2000×30×3	根	600	600	3600.00
螺钉	25	盒	200	200	2000.00

②财务

领料人：李斌 发货人：张强

图 4—8 标注金额的领料单

然后，我们根据这张领料单填制记账凭证，如图 4—9 所示。

记 账 凭 证

字第 号

20×2 年 1 月 4 日

摘要	总账科目	明细科目	借方金额	贷方金额	√
制作车间领用材料	生产成本	直接材料	2304000		
	原材料	原木		1744000	
	原材料	钢条		360000	
	原材料	螺钉		200000	
合计			¥2304000	¥2304000	

附单据 1 张

会计主管： 记账： 出纳： 复核： 制单：李明

图 4—9 制作车间领料的记账凭证

相关知识与说明

一、材料领用成本的计算

企业每次领用材料，领料单上都只记载材料数量，不记载材料价格和金额。材料领用价格由会计人员按照企业内部会计制度规定的方法确定。材料领用成本为材料价格(单位成本)与材料领用数量的乘积。关于存货的计价方法，请查阅财务会计书籍。

领料单上应当注明材料的用途。如果材料用于生产一种产品，就将材料领用成本计入这种产品的生产成本；如果材料用于生产多种产品，则应运用一定的方法将材料领用成本分摊给这几种产品。

二、材料领用业务的会计处理

材料领用业务应取得领料单，其会计分录一般是借记“生产成本——××产品——直接材料”科目，贷记“原材料——××材料”科目。

“生产成本”科目核算企业进行工业性生产发生的各项生产成本，包括为生产产品耗用的材料成本(称直接材料)、人工成本(称直接人工)和分配计入的制造费用，这三者都是成本项目。发生的成本按照权责发生制原则确定，记在该科目借方，转出的生产成本记在该科目贷方。

“生产成本”科目下一般应分产品设置明细科目，这里只有一种产品(合为桌椅)，故省略产品名称这一明细科目。

三、成本的概念

成本是对象化的费用，是发生在特定对象(资产)上的费用，称为“××的成本”。成本是企业为取得一项资产所付出的代价，如采购材料所发生的全部费用是材料的采购成本，生产产品所发生的全部费用是产品的生产成本，建造项目所发生的全部费用是这个项目的建造成本。

从成本的概念来看，成本是一些相关费用的合成，单个费用一般不称成本。对于一项费用，应当判定它是否属于某个对象，发生在哪个时期，金额为多少。如果能判定它属于某个对象，应将其列为该对象的成本；如果不能判定它属于某个对象，则将其列为一般费用。严格地说，“费用”的内涵大于“成本”的内涵，但在工作和生活中，人们经常把“成本”和“费用”等同起来而不加区别，或者合起来称为“成本费用”。

与“成本”和“费用”相关的另一个词语是“支出”。支出通常是指实际付出的货币，在会计中也指付出的资产或遭受的损失，支出可以形成成本或费用。企业在日常活动中要发生各种支出，企业支出可划分为收益性支出和资本性支出。支出带来的收益仅与本会计年度有关即为收益性支出，如企业购买原材料的支出、支付职工工资的支出，购买原材料的支出形成材料成本，支付给生产工人的工资计入产品成本，支付给行政管理人员的工资计入管理费用，这些支出可为企业带来经营收入。支出带来的收益与今后多个会计年度有关则为资本性支出，如企业购建固定资产的支出，固定资产可在多年内为企业带来经营收入。收益性支出和资本性支出应当区别开来，会计上采取不同的方法处理，收益性支出直接或间接地计入当期成本或费用，资本性支出则在受益各期逐步转化为费用。

成本、费用和支出

学生练习

处理 20×2 年 1 月份和 2 月份同类业务事项。

任务三　处理产品销售业务

工业企业经常要销售产品以取得收入。向本企业购买产品或接受劳务(服务)的单位即为本企业的客户。销售产品通常分为销货和收款两个环节,这两个环节可以分开进行,也可以同时进行,它们共同构成销售循环。

一、销售产品

企业销售产品一般由财务部门向客户开具发票,开票员应将发票记账联及时交由会计进行账务处理。

20×2 年 1 月 5 日开票员王丽开出 1 张发票,如图 4—10 所示。

4200120142　　**湖北增值税专用发票**　　№ 23455601

此联不作报销、扣税凭证使用

开票日期:20×2 年 01 月 05 日

购买方	名　　称:	汉口家具商场有限公司		密码区	1>4143+50+92-4-+>4>0+86/0*4		
	纳税人识别号:	914201033253846581			2/47-70<*85-26<-36++94<33/3		
	地址、电话:	武汉市长江路 15 号 027-85863566			7+82+3<9+4*3887*67*/32-4>56		
	开户行及账号:	农业银行武汉汉兴支行 17535235621621			80/52>2++*-3-<35*82+->37/42		
货物或应税劳务、服务名称	规格型号	单位	数　量	单　价	金　额	税率	税　额
桌椅		组	200	1000.00	200000.00	13%	26000.00
合　计					200000.00		26000.00
价税合计(大写)	⊗ 贰拾贰万陆仟圆整				(小写)¥226000.00		
销售方	名　　称:	武汉楚风家具有限公司		备注			
	纳税人识别号:	9142010038MA4U65D1					
	地址、电话:	武汉市楚风路 1 号 027-81886688					
	开户行及账号:	工商银行武汉楚风支行 62230286123618					

收款人:　　复核:　　开票人:王丽　　销售方:(章)

第一联　记账联　销售方记账凭证

图 4—10　销售产品的发票

这张发票表明楚风公司向汉口家具商场销售桌椅 200 组,单价 1 000.00 元/组,金额 200 000.00 元,增值税额 26 000.00 元。

企业销售产品应当收取货款,但这笔业务没有收款凭证,为此我们应查看账簿记录。在三栏明细账中,我们已经设置了“应收账款——汉口家具商场”账户,我们应将这笔货款记入该账户。

我们应根据这张发票填制如图 4—11 所示的记账凭证。处理这种业务，我们也要细心，要认真察看账簿记录，仔细核对记账凭证。

记　账　凭　证　　　　字第　　号

20×2 年 1 月 5 日

摘要	科目		借方金额										贷方金额										✓
	总账科目	明细科目	千	百	十	万	千	百	十	元	角	分	千	百	十	万	千	百	十	元	角	分	
销售桌椅	应收账款	汉口家具商场			2	2	6	0	0	0	0	0											
	主营业务收入														2	0	0	0	0	0	0	0	
	应交税费	应交增值税（销项税额）														2	6	0	0	0	0	0	
合　计				¥	2	2	6	0	0	0	0	0		¥	2	2	6	0	0	0	0	0	

附单据 1 张

会计主管：　　记账：　　出纳：　　复核：　　制单：李明

图 4—11　销售产品的记账凭证

相关知识与说明

一、发票开具

企业对外销售产品或提供劳务，应当向购买方开具发票。发票是交易双方结算的依据，也是会计核算的重要原始凭证。

发票由企业财务部门负责管理，一般由财务部门指定专人对外直接开具。如果企业销售网点较多，或者交易频繁，可将发票交给销售网点或收银台开具，财务部门要进行监控。

二、销售产品业务的会计处理

销售产品业务应取得销货发票，其会计分录一般是借记“应收账款——××客户”或“预收账款——××客户”科目，贷记“主营业务收入”和“应交税费——应交增值税(销项税额)”科目。

“应收账款”科目核算企业因销售产品或提供劳务等经营活动应当收取的款项，一般按客户设置明细科目。“预收账款”科目核算企业按照合同规定预先收取客户的款项，一般按客户设置明细科目。企业可不设“预收账款”科目，改在“应收账款”中核算。销售产品或提供劳务应收的款项记在这两个科目的借方，收款记在这两个科目的贷方。这两个科目期末借方余额反映企业应(少)收金额,期末贷方余额反映企业预(多)收金额。对于同一客户,只需要在“应收账款”和“预收账款”其中一个账户下设置该客户的明细账户,设定后,与该客户的所有往来(销货或收款)都记入这个账户,货款多收还是少收由账面反映,填制记账凭证时不需考虑。

“主营业务收入”科目核算企业因销售产品或提供劳务等主要经营活动所取得的营业收入,一般按产品、劳务或服务项目设置明细科目。如果企业只有一种产品、劳务或服务项目,可不设置明细科目。主营业务收入按权责发生制原则确认,一般在开出发票时核算。取得的收入记在该科目贷方,转出的收入记在该科目借方。“主营业务收入”属于损益类科目,期末没有余额。

处理销售产品业务时须查看往来账,如果往来账(“应收账款”或“预收账款”)中已有客户明细账户,就使用该账户,如果没有,应在“应收账款”账户中新设该客户的明细账户。

学生练习

处理 20×2 年 1 月份和 2 月份同类业务事项。

二、收取货款

企业从客户处收取货款一般通过银行进行结算,事后可从银行取得相应的结算单据作为账务处理凭据。

20×2 年 1 月 16 日,出纳王丽转来 1 张银行电子回单,如图 4－12 所示。

中国工商银行 网上银行电子回单

电子回单号码: 000023236395

付款人	户　名	汉口家具商场有限公司	收款人	户　名	武汉楚风家具有限公司
	账　号	17535235621621		账　号	62230286123618
	开户银行	中国农业银行武汉汉兴支行		开户银行	中国工商银行武汉楚风支行
金　额		¥1,000,000.00	金　额 (大写)		壹佰万元整
交易流水号		00182134	交易时间		20×2年01月15日
中国工商银行 电子回单 专用章		备注: 货款			
		记账网点 1260	记账柜员 12		记账日期 20×2年01月15日

重要提示:本回单不作为收款方发货依据,请勿重复记账。　　打印日期: 20×2年01月16日

图 4－12　收取客户货款的凭证

这张原始凭证表明楚风公司收到汉口家具商场的货款 1 000 000.00 元，中国工商银行武汉楚风支行已记入楚风公司的银行账户中，以此单通知楚风公司。

我们应根据这张单据填制如图 4—13 所示的记账凭证。

记　账　凭　证　　　　字第　　号

20×2 年 1 月 16 日

摘要	科目		借方金额（千百十万千百十元角分）	贷方金额（千百十万千百十元角分）	✓
	总账科目	明细科目			
收货款	银行存款		100000000		
	应收账款	汉口家具商场		100000000	
合计			¥100000000	¥100000000	

附单据 1 张

会计主管：　　记账：　　出纳：　　复核：　　制单：李明

图 4—13　收取客户货款的记账凭证

相关知识与说明

一、收取款项

企业销售人员应根据合同及时向客户收取款项，会计人员应当对收款情况进行监督。

款项是否收到，以银行转来的收账通知为准。如果收取支票，应由出纳交到开户银行，办理委托收款。银行在收到款项后，向企业发出收账通知。企业凭收账通知确认收款并进行账务处理。收到支票不等于收到款项，支票正联不能作为记账的原始凭证。

关于支票

二、收取货款业务的会计处理

收取货款业务应取得银行收款凭证，其会计分录一般是借记“银行存款”科目，贷记“应收账款——××客户”或“预收账款——××客户”科目。

处理收取货款业务时须查看往来账，如果往来账（“应收账款”或“预收账款”）中已有该客户的明细账户，就使用该账户，如果没有，应在“预收账款”（也可用“应收账款”）中新设该客户的明细账户。

三、销售循环

销售产品和收取货款构成销售循环，账务处理时可以分为两笔业务，也可以合为一笔业务。

如果销售产品与收取货款的原始凭证在同一天取得，可以将两项业务合并处理，借记“银行存款”科目，贷记“主营业务收入”和“应交税费——应交增值税（销项税额）”科目。如果只是收取部分货款，还是作两笔业务处理较好。

产品销售业务的会计处理

销售循环中存在多种不同情况，需要进行不同的会计处理。关于这方面的内容请查阅财务会计书籍。

销售产品与购进货物是同一业务的两个方面，对于一个企业来说是销售产品，对于另一个企业来说就是购进货物。两个企业在账务处理上通常存在对应关系，销售方取得收入，购买方取得货物；销售方借记“银行存款”或“应收账款——××客户”科目，购买方贷记“银行存款”或“应付账款——××供应商”科目；销售方贷记“应交税费——应交增值税（销项税额）”科目，购买方借记“应交税费——应交增值税（进项税额）”科目。

学生练习

处理20×2年1月份和2月份同类业务事项。

任务四　处理费用报销业务

企业各部门及有关人员在履行其职责时经常需要发生一些费用，这些费用可以由业务经办人员先行支付，然后凭相关单据报销。费用报销业务可区分为一般费用报销业务和差旅费报销业务，应当进行不同的处理。

一、一般费用报销业务

一般费用报销应当由当事人填写费用报销单，提交各级领导审批，然后到财务部门报销。

20×2年1月14日，后勤主管吴汉华提交1张费用报销单，如图4－14所示，费用报销单后附有发票 1 张，如图 4—15 所示。

武汉楚风家具有限公司

费用报销单

20×2 年 1 月 14 日　　附单据 1 张

部门	事由	金额 十	万	千	百	十	元	角	分	备注
行政办公室	购办公用品				3	6	0	0	0	
合计金额（大写）叁佰陆拾元整				¥	3	6	0	0	0	

公司领导：张丹新　　部门领导：何久　　报销人：吴汉华

图 4—14　费用报销单

湖北省税务局通用手工发票

发票联

发票代码042011223501

发票号码04362853

付款单位：武汉楚风家具有限公司　　20×2 年 1 月 13 日

项目内容		金额 百	十	元	角	分	备注
打印纸			6	0	0	0	
墨盒		3	0	0	0	0	
合计人民币（大写）	叁 佰 陆 拾 零 元 零 角 零 分	3	6	0	0	0	

第二联 发票联

收款单位名称：　　开票人：李萍

收款单位税号：

图 4—15　费用报销单所附购货发票

后勤主管吴汉华同时提交了办公用品领用登记表一张，如表 4—1 所示。

表 4—1　　20×2 年 1 月办公用品领用登记表

武汉楚风家具有限公司

办公用品领用登记表

部　门	打印纸(包)	墨盒(个)	金额(元)	领取人签名
行政办公室	1	1	120.00	吴汉华
财务部		1	100.00	王丽
销售部		1	100.00	王拓
制作车间	1		20.00	李斌
油漆车间	1		20.00	刘阳
合　计	3	3	360.00	

制表:吴汉华　　20×2 年 1 月 13 日

这张费用报销单和发票填写完整、正确,手续完备,办公用品领用登记表记录清楚。我们审核后将费用报销单交由出纳据此付款,并从出纳处取得付款凭证,如图 4—16 所示。

中国工商银行　网上银行电子回单

电子回单号码: 000020536475

付款人	户　名	武汉楚风家具有限公司	收款人	户　名	吴汉华
	账　号	62230286123618		账　号	62236385240376
	开户银行	中国工商银行武汉楚风支行		开户银行	中国工商银行武汉楚风支行
金　额		¥360.00	金　额 (大写)		叁佰陆拾元整
交易流水号		00122531	交易时间		20×2年01月14日
中国工商银行 电子回单 专用章		备注: 报销			
	记账网点 1260	记账柜员 12	记账日期		20×2年01月14日

重要提示: 本回单不作为收款方发货依据, 请勿重复记账。　　打印日期: 20×2年01月14日

图 4—16　费用报销的付款凭证

然后,我们根据以上单据填制如图 4—17 所示的记账凭证。

记 账 凭 证

字第　　号

20×2 年 1 月 14 日

摘　要	科　目		借方金额（千百十万千百十元角分）	贷方金额（千百十万千百十元角分）	√
	总账科目	明细科目			
吴汉华购办公用品	管理费用	办公费	22000		
部门领用办公用品	销售费用	办公费	10000		
	制造费用	制作车间-办公费	2000		
	制造费用	油漆车间-办公费	2000		
	银行存款			36000	
合　计			¥36000	¥36000	

附单据 3 张

会计主管：　　记账：　　出纳：　　复核：　　制单：李明

图 4—17　费用报销的记账凭证

相关知识与说明

一、费用报销程序

费用报销程序一般应在企业财务管理制度中进行规定，参见项目一中关于企业财务管理制度的说明。费用报销业务可能涉及借支，应由会计受理，会计查实借支情况后，填制记账凭证，交由出纳收款或付款。这样做可以及时了结借支，并避免差错。

不涉及借支的费用报销业务可由出纳进行审核、报销，然后将原始凭证交由会计进行账务处理。

有的企业费用报销不使用费用报销单，由经办人、验收（证明）人、部门领导和单位领导直接在票据上（背面）签名。

如果一项费用由多个部门共同承担，应当由经办人员编制费用分割（物品领用）单，说明各部门分别承担多少费用。

二、借支

企业人员外出进行业务活动所需费用较大，而金额和收款方又不确定，通常需要使用现金。业务人员可事先从财务部门借取现金。

企业职工从本企业借取资金用于公干的行为称作借支。借支必须按照企业财务管理制度进行，要有相关领导的批示。借支时财务部门应查看借支人以前是否有未了结借支，如有，一般应要求借支人先了结以前借支。

借支一般用库存现金支付，对于金额较大或者库存现金不足支付的借支，出纳应签发现金支票交由借支人到银行提取现金。

借支业务应有借支凭证，其会计分录一般是借记“其他应收款——××个人”科目，贷记“银行存款”或“库存现金”科目。

“其他应收款”科目核算企业除应收账款、预付账款等以外的其他各种应收及暂付款项，该款项与购销、投资活动无关，主要为企业内部部门的备用金或个人借支，应向保险公司、其他单位或个人收取赔偿款、违约金、罚款。“其他应收款”一般按单位或个人设置明细科目，借出或暂付、确认应收的款项记在该科目借方，收回或冲销的款项记在该科目贷方，该科目期末借方余额反映企业未收回的款项，贷方余额反映企业应付出的款项。

“库存现金”科目核算企业自行掌管（由出纳负责）的现金。收进记在该科目借方，付出记在该科目贷方，该科目期末借方余额反映企业自行掌管现金余额。

处理借支业务时须查看其他应收款账簿记录，如果其中已有借支人明细账户，就使用该账户，如果没有，应在“其他应收款”中新设借支人的明细账户。

现在个人支出可以使用公务信用卡结算，还可以使用支付宝、微信结算，也就不需要借支了。企业与职工之间的资金往来也可以通过网上银行结算，企业基本上不用现金了。业务人员报销后，出纳通过网上银行直接把报销款打到报销人的银行账户。

三、费用报销业务的会计处理

费用报销业务一般应取得费用报销单及相关票据，其会计分录一般是借记“管理费用——××费用”、“销售费用——××费用”、“制造费用——××车间——××费用”和“应交税费——应交增值税”科目，贷记“银行存款”科目。

办理费用报销业务时，会计人员应当查实当事人借支情况。如果当事人事前有借支，应当冲销其借支，即贷记“其他应收款——××个人”科目。如果报销金额大于借支金额的，应向报销人补付差额，同时贷记“库存现金”或“银行存款”科目。如果报销金额小于借支金额，应向报销人收回报销余款，同时借记“库存现金”科目。收回报销余款时，一般由会计开具收款收据，出纳收款时在收据上签名并加盖财务专用章，将收据联交给报销人，记账联作为记账凭证附件。

费用报销业务的会计处理

“管理费用”科目核算企业为组织和管理企业生产经营活动所发生的各项费用，包括企业的董事会和行政管理部门在企业的经营管理中发生的或者应由企业统一负担的经费，需要按费用类别设置明细科目（称费用项目）。发生或按照权责发生制原则确认的管理费用记在该科目借方，转出的管理费用记在该科目贷方，该科目属于损益类科目，期末没有余额。

"管理费用"使用多栏明细账,但管理费用的内容很多,费用项目不能设置过多,不然账簿栏目不够用。管理费用的费用项目应根据企业管理要求设置,一般可将办公耗用物品、电话费、邮寄费等归到"办公费"项目,将行政管理人员的工资、福利费、工会经费、职工教育经费、社会保险金、住房公积金等合为"工资及附加"项目,将房租、水费、电费合为"房租水电费"项目,将办公设施设备折旧费、维修费合为"固定资产"项目,将业务人员外出办理企业经营管理方面业务所发生的交通费、住宿费等列为"差旅费",将招待客户及其他人员费用列为"业务招待费",将行政部门车辆的加油费、路桥费、停车费、保养费、维修费等合为"车辆费用"项目,最后应设置"其他费用"项目(简称"其他"),将不经常发生、金额不大的其他各种费用归到该费用项目,"其他费用"项目应放在管理费用明细账的最后一栏,中间空栏留待以后需要时添加。

"销售费用"科目核算企业销售产品和材料、提供劳务和服务的过程中发生的各种费用,分为销售过程中发生的各种费用和专设销售机构发生的各种费用。销售过程中发生的费用是指与销售直接相关的费用,包括广告费、展览费、包装费、产品维修费、由销售方承担的运输费和装卸费等;专设的销售机构发生的费用是指企业销售部门或销售网点发生的费用,包括办公费、职工薪酬、水电费、固定资产折旧等。该科目与"管理费用"相似,可比照"管理费用"处理。

"制造费用"科目核算企业生产部门为组织生产所发生的各项间接费用,即发生在生产车间、不能直接计入产品生产成本的各项费用,包括车间办公费、车间管理人员薪酬、水电费、固定资产折旧等。该科目需要按费用类别设置明细科目(称费用项目),发生或按照权责发生制原则确认的制造费用记在该科目借方,转出的制造费用记在该科目贷方。该科目属于成本类科目,期末应分配结转到产品生产成本中,一般没有余额。

在有报销单的情况下,报销单与其附件可以看作一个整体,计为1张单据。比如,这笔费用报销业务的记账凭证所附单据数量可填写为"3"张,即费用报销单、办公用品领用登记表和付款凭证,费用发票是费用报销单的附件,为下一层次的附件。也有的会计人员按全部单据数量填写。两种做法都可以,只要能查证原始凭证的数量就行。

学生练习

处理20×2年1月份和2月份同类业务事项。

二、差旅费报销业务

差旅费报销应当由出差人填写差旅费报销单，经相关领导审批后到财务部门办理报销手续。

20×2 年 1 月 20 日，总经理张开新提交 1 张差旅费报销单，如图 4—18 所示。差旅费报销单后附有火车票 2 张，如图 4—19 所示，住宿发票 1 张，如图 4—20 所示，会费收据 1 张，如图 4—21 所示。

武汉楚风家具有限公司

差旅费报销单

20×2 年 1 月 20 日　　附单据 4 张

出差人		张开新	出差地		北京		出差事由	家具行业协会年会				同行人员	无
行程						交通费		出差补助				其他费用	
月	日	起点	月	日	终点	交通工具	金额	人数	天数	标准	金额	项目	金额
1	11	武汉	1	11	北京	高铁	520.50	1	1	50.00	50.00	会费	2000.00
1	12	北京	1	16	北京			1	5	50.00	250.00	住宿	2700.00
1	17	北京	1	17	武汉	高铁	520.50	1	1	50.00	50.00		
报销金额（大写）			陆仟零玖拾壹元整							其中增值税		238.79	

公司领导：刘远行　　部门领导：　　报销人：张开新

图 4—18　差旅费报销单

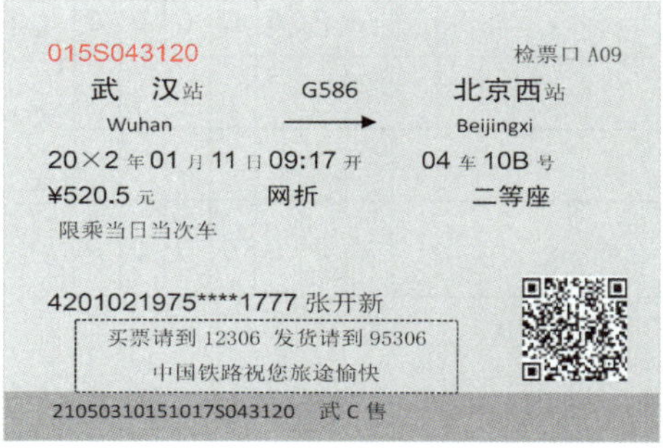

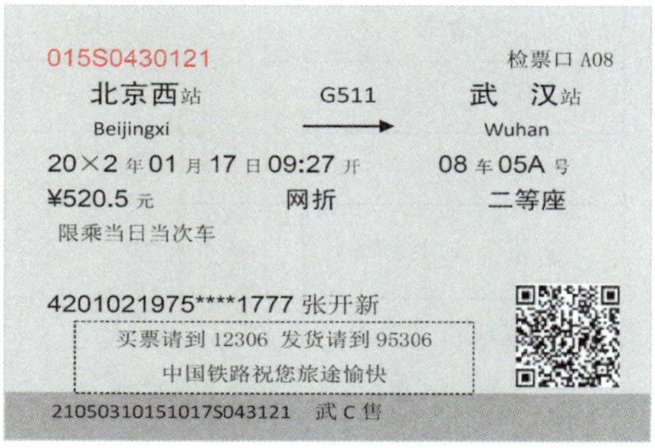

图 4—19　差旅费报销单所附车票

1000156141　　**北京增值税专用发票**　　№ 00511501

发票联

开票日期：20×2年01月17日

购买方	名　　称：武汉楚风家具有限公司 纳税人识别号：9142010038MA4U65D1 地址、电话：武汉市楚风路1号 027-81886688 开户行及账号：工商银行武汉楚风支行 62230286123618				密码区	6/0*487*43+50+-4-+>4>0+81-2 4->37-70<*856<-67+92/+96<33 8*/3373<9+02+304*/42-4>5+86 80/57/2>2+1>4+5*8*-3-<32+42		
货物或应税劳务、服务名称	规格型号	单位	数量	单价	金额	税率	税额	
住宿费		天	6	428.571	2547.17	6%	152.83	
合　计					2547.17		152.83	
价税合计（大写）	ⓧ贰仟柒佰圆整				（小写）¥2700.00			
销售方	名　　称：北京太和酒店管理有限公司 纳税人识别号：911001061825170631 地址、电话：北京市朝阳路152号 010－81537884 开户行及账号：工行北京朝阳支行 668928932254015				备注	北京太和酒店管理有限公司 911001061825170631 发票专用章		

收款人：林俐　　复核：　　开票人：徐枫　　销售方：（章）

第三联 发票联 购买方记账凭证

图 4－20　差旅费报销单所附住宿费发票

北京市非税收入专用收据　　№00225875

付款人：武汉楚风家具有限公司　　20×2年1月11日

收入项目	项目编号	标准	十	万	千	百	十	元	角	分
会费	001				2	0	0	0	0	0
金额合计（大写）	贰仟元整			¥	2	0	0	0	0	0

收款单位（章）：中华家具行业协会专用章　　收款人：刘玉

第二联 收据

图 4－21　差旅费报销单所附会费收据

这笔业务的单据合法，填写完整正确，差旅费报销单的填写内容与所附单据一致，报销金额计算正确。我们先请出纳根据差旅费报销单向报销人付款，并从出纳处取得付款凭证。出纳王丽提供的付款凭证如图 4－22 所示。然后，我们根据以上单据填制如图 4－23 所示的记账凭证。

中国工商银行 网上银行电子回单

电子回单号码：000017627685

付款人	户　名	武汉楚风家具有限公司	收款人	户　名	张开新
	账　号	62230286123618		账　号	62236385240352
	开户银行	中国工商银行武汉楚风支行		开户银行	中国工商银行武汉楚风支行
金　额		¥6,091.00	金　额（大写）		陆仟零玖拾壹元整
交易流水号		00224573	交易时间		20×2年01月20日
中国工商银行 电子回单 专用章		备注：差旅费			
	记账网点	1260	记账柜员	12	记账日期 20×2年01月20日

重要提示：本回单不作为收款方发货依据，请勿重复记账。　　打印日期：20×2年01月20日

图 4—22　差旅费报销的付款凭证

记　账　凭　证　　　　字第　　号

20×2 年 1 月 20 日

摘要	总账科目	明细科目	借方金额（千百十万千百十元角分）	贷方金额（千百十万千百十元角分）	✓
张开新报销差旅费	管理费用	差旅费	385221		
	管理费用	其他	200000		
	应交税费	应交增值税（进项税额）	23879		
	银行存款			609100	
合　计			¥609100	¥609100	

附单据 2 张

会计主管：　记账：　出纳：　复核：　制单：李明

图 4—23　差旅费报销的记账凭证

处理差旅费报销业务，我们不仅要细心，更要有耐心和热心。报销人可能没有按要求填写差旅费报销单，或者试图报销不符合规定的费用，我们必须让他改正，要耐心进行解释，防止产生误解和矛盾，还要力所能及地给予帮助，用真诚换取他人的理解。

相关知识与说明

一、铁路旅客运输增值税的计算

根据有关规定，增值税一般纳税人取得注明旅客身份信息的铁路车票的，增值税按照下列公式计算进项税额：

$$铁路旅客运输进项税额=票面金额\div(1+9\%)\times 9\%$$

二、差旅费报销业务的会计处理

会计人员在处理差旅费报销业务时，须根据国家法律法规和企业规章制度对全部单据进行认真审核（审核内容参见项目三中任务二）。有的出差人将其他费用计入差旅费的，应予以区分。董事会成员参加董事会的差旅费在管理费用中列为“董事会费”，企业员工外出学习所发生的差旅费在职工教育经费中列支，企业员工参加工会活动所发生的差旅费由工会组织从工会经费中开支。

差旅费报销业务的会计处理可比作一般费用报销业务进行，其会计分录基本上相同。

在工业企业里，销售部门（销售网点除外）属于行政管理部门，销售人员（销售网点的销售员除外）属于行政管理人员，车间管理人员属于基层管理人员。企业员工，尤其是管理人员，往往不是固定做某个方面的工作。销售人员不只是从事产品销售业务，车间管理人员也不只是从事车间管理业务，他们都有组织和管理企业经营活动方面的工作，比如参与企业生产经营计划的制订、参与企业各部门工作考核、因具有某方面特长而临时参与其他部门工作、向企业领导和其他部门提供有关资料数据等。因此，不能按当事人的身份（所属部门）确定费用计入科目（“制造费用”、“销售费用”或“管理费用”），应当根据当事人所从事的工作确定费用计入科目。比如，销售人员出差进行市场调研就属于企业经营管理层面的工作（涉及企业发展），不是产品销售工作，发生的差旅费和业务招待费就应当计入“管理费用”，不应当计入“销售费用”；车间管理人员出差为客户提供售后服务发生的差旅费就应当计入“销售费用”，不应当计入“制造费用”。但有些难以分割的费用（如工资）则按员工所属部门确定费用计入科目。

三、原始凭证的粘贴

原始凭证粘贴

记账凭证填制后，应附上相应的原始凭证，可用大头针或回形针将记账凭证和原始凭证别在一起，也可使用胶水将原始凭证粘贴在记账凭证之后。原始凭证较多时，可以使用粘贴单，粘贴时注意以下几点：

1. 同一类别的原始凭证尽可能放在一起。

2. 按原始凭证纸张从小到大顺序、从右往左粘贴,每张原始凭证只粘贴左边。

3. 左边留下一定装订空余,保证原始凭证的内容能看清。

4. 尽可能与记账凭证左边和上边对齐。

5. 对于纸张大于记账凭证的单据,应先将左下角折叠,然后将超出部分向上卷起,使得下边与记账凭证平齐。

学生练习

处理 20×2 年 1 月份和 2 月份同类业务事项。

任务五　处理职工薪酬支付业务

企业要向职工支付工资,提供各种福利,还要按照工资的一定比例缴纳工会经费和"五险一金",这些费用都属于职工薪酬。

一、支付职工工资

职工工资由企业人事管理部门确定后以书面形式通知财务部门,财务部门据此编制工资表,作为发放工资的依据,同时作为会计核算的原始凭证。

20×2 年 1 月 5 日,我们根据行政办公室人事主管魏明提交的职工工资通知单编制出工资表,还可进一步编制出工资汇总表,如表 4—2 所示。出纳王丽根据工资表通过网上银行向每个职工发放了工资,银行回单于 1 月 6 日取得,如图 4—24 所示。

表 4—2　　楚风公司 20×1 年 12 月工资汇总表

武汉楚风家具有限公司

20×1 年 12 月工资汇总表

单位:元

项　目	应发金额	扣养老保险	扣医疗保险	扣失业保险	扣住房公积金	实发金额
合　计	371 500.00	29 720.00	7 430.00	3 715.00	37 150.00	293 485.00

制表:李明　　　　20×2 年 1 月 5 日

中国工商银行
Industrial and Commercial Bank of China

电子转账凭证

币别：人民币　　20×2 01 05　　流水号：20×201050278

付款人	全　称	武汉楚风家具有限公司	收款人	全　称	武汉楚风家具有限公司/个人
	账　号	62230286123618		账　号	
	开户行	中国工商银行武汉楚风支行		开户行	中国工商银行武汉楚风支行
金额	(大写)贰拾玖万叁仟肆佰捌拾伍元整				RMB293485.00
用途	职工 20×1 年 12 月份工资				
备注：					

中国工商银行武汉楚风支行
20×2.01.05
转讫

K00000000002

银行盖章

第一联 客户回单

图 4—24　支付工资的银行回单

我们应在 1 月 6 日根据工资汇总表和银行回单填制如图 4—25 所示的记账凭证。

记　账　凭　证

字第　　号

20×2 年 1 月 6 日

摘要	总账科目	明细科目	借方金额 千	百	十	万	千	百	十	元	角	分	贷方金额 千	百	十	万	千	百	十	元	角	分	√
发放上月工资	应付职工薪酬	职工工资			3	7	1	5	0	0	0	0											
	应付职工薪酬	职工养老保险														2	9	7	2	0	0	0	
	应付职工薪酬	职工医疗保险															7	4	3	0	0	0	
	应付职工薪酬	职工失业保险															3	7	1	5	0	0	
	应付职工薪酬	职工住房公积金														3	7	1	5	0	0	0	
	银行存款														2	9	3	4	8	5	0	0	
合计				¥	3	7	1	5	0	0	0	0		¥	3	7	1	5	0	0	0	0	

附单据 2 张

会计主管：　记账：　出纳：　复核：　制单：李明

图 4—25　支付工资的记账凭证

处理职工工资支付业务，涉及职工的切身利益，我们必须更加细心，特别是编制工资表，要反复核对，确保没有差错，真心对待每一位职工。

相关知识与说明

一、工资发放

工资发放涉及发放时间、发放方式和工资表编制等具体问题。

（一）工资发放时间

各单位一般按月定时发放职工工资。在时间上有当月发放和次月发放两种做法。当月发放属于预支，一般按确定金额计发，月份终了后（有的单位定为月份终了的前几天，如每月25日）根据考勤考绩情况进行结算，下月发放工资时予以扣、补。次月发放为据实发放，是职工上月应得工资。国有单位一般当月发放，其他单位（特别是私营企业）一般次月发放。

（二）工资发放方式

工资发放方式目前主要有现金发放和网上银行发放两种。

1. 现金发放工资

采取这种方式发放工资的企业需要持现金支票到银行提取现金，然后将现金分发给职工，职工应在工资表上签名领取工资。账务处理时，分为两笔业务进行，第一笔业务是提取现金，会计分录为借记“库存现金”，贷记“银行存款”；第二笔业务是发放工资，会计分录为借记“应付职工薪酬——职工工资”，贷记“库存现金”。如果提取现金和发放工资的金额相等，时间上又是同一天，也可以合为一笔业务处理，借记“应付职工薪酬——职工工资”，贷记“银行存款”。

2. 网上银行发放工资

采取这种方式发放工资的企业须开通网上银行业务，由出纳按照工资表上的实发金额逐一向每个职工账户中转账，然后从银行取得汇总的电子转账凭证，与工资表一起作为账务处理的原始凭证。这种方式安全、高效，目前绝大多数企业采用。

（三）工资表编制

工资表与工资汇总表

工资表一般有固定的项目，分为应发项目、扣发项目和实发金额3个部分，应发项目金额之和减去扣发项目金额之和即为实发金额。应发项目反映职工的工资构成，由人事管理部门根据国家政策和企业制度确定，扣发项目根据具体内容由相关部门提出，可临时增加或变动，代扣个人缴纳的“三险一金”（养老保险、医疗保险、失业保险和住房公积金）一般是必设项目。

如果有职工的工资所得达到个人所得税起征点，则应依法为该职工代扣代缴个人所得税，在工资表中增加“代扣个税”项目。楚风公司职工工资所得都未达到起征点，不需缴纳个人所得税。

二、职工工资支付业务的会计处理

职工工资支付业务的会计处理

支付职工工资应取得工资表(或工资汇总表)和银行付款凭证,其会计分录一般是借记“应付职工薪酬——职工工资”科目,贷记“应付职工薪酬——职工养老保险(医疗保险、失业保险或住房公积金)”、“应交税费——应交代扣个人所得税”和“银行存款”科目。

“应付职工薪酬”科目核算企业根据有关规定应付给职工或为职工支付的各种薪酬,应按照内容的不同设置明细科目,一般应设置“职工工资”、“职工福利费”、“工会经费”、“职工教育经费”、“职工养老保险”、“职工医疗保险”、“职工失业保险”、“职工工伤保险”、“职工生育保险”(“五险”可合为“社会保险金”)、“职工住房公积金”等明细科目。支付薪酬记在该科目借方,代扣、分配或计提薪酬记在该科目贷方,期末贷方余额反映企业应当支付给职工的薪酬,期末借方余额反映企业预先支付给职工或为职工支付的薪酬。

从职工工资中扣除的养老保险、医疗保险、失业保险和住房公积金,是企业没有支付给职工的工资,企业需要以另外的形式支付(代职工交给政府相关部门,作为职工的一种保障)。

学生练习

处理 20×2 年 1 月份和 2 月份同类业务事项。

二、职工福利费和教育经费的处理

职工福利费和教育经费处理的方法相同,我们应当在这种费用发生时分两个环节处理,即支付和分配。在此只处理职工福利费。

(一)支付职工福利费

20×2 年 1 月 27 日,行政办公室后勤主管吴汉华提交 1 张盒饭发票和 1 张付款申请单,分别如图 4—26 和图 4—27 所示。这两张单据表明,楚风公司 20×2 年 1 月份在武汉便民餐饮有限公司订购盒饭作为职工中餐,金额共计 20 310.00 元,现提请支付费用。

4200154130 **湖北增值税普通发票** № 00129852 4200154130

发票联 00129852

开票日期：20×2年01月27日

购买方	名　　称：武汉楚风家具有限公司 纳税人识别号：9142010038MA4U65D1 地址、电话：武汉市楚风路1号 027-81886688 开户行及账号：工商银行武汉楚风支行 62230286123618	密码区	8-743+2+13<9+254+35*8+2-4>5 6-4-57*86+>6/01>4-4>0+834<3 8*2+5/3*8<696+8/30+3-2+9*47 7/2>2*5/5/47*-3-<3+2-70<4>3

货物或应税劳务、服务名称	规格型号	单位	数量	单价	金额	税率	税额
盒饭					19160.38	6%	1149.62
合　计					19160.38		1149.62
价税合计（大写）	⊗ 贰万零叁佰壹拾圆整				（小写）￥20310.00		

销售方	名　　称：武汉便民餐饮有限公司 纳税人识别号：914201051828650697 地址、电话：武汉市人和路125号 027—84021568 开户行及账号：建设银行武汉人和支行 12387681526478	备注	武汉便民餐饮有限公司 914201051828650697 发票专用章

收款人：金莹　　复核：　　开票人：程萍　　销售方：（章）

第二联 发票联 购买方记账凭证

图4—26　职工中餐费发票

武汉楚风家具有限公司

付款申请单

申请人	吴汉华	所属部门	行政办公室	申请日期	20×2年1月27日
费用金额	¥20310.00	付款方式	□现金　□支票　☑网银　□电汇　其他＿＿＿		
事　由	中餐费　　（□附清单）				
收款单位	武汉便民餐饮有限公司		地　址	武汉市人和路125号	
开户银行	建设银行武汉人和支行		账　号	12387681526478	
联系人		职　务		电　话	027—84021568
部门领导	何文	公司领导	张开新	备　注	

图4—27　职工中餐费的付款申请单

出纳王丽根据付款申请单通过网上银行支付了中餐费，并将付款凭证交给我们，如图4—28所示。

中国工商银行 网上银行电子回单

电子回单号码：000031934246

付款人	户 名	武汉楚风家具有限公司	收款人	户 名	武汉便民餐饮有限公司
	账 号	62230286123618		账 号	12387681526478
	开户银行	中国工商银行武汉楚风支行		开户银行	中国建设银行武汉人和支行
金 额		¥20,310.00	金 额（大写）		贰万零叁佰壹拾元整
交易流水号		00269256	交易时间		20×2年01月27日
中国工商银行 电子回单 专用章		备注：餐费			
		记账网点 1260	记账柜员 12	记账日期	20×2年01月27日

重要提示：本回单不作为收款方发货依据，请勿重复记账。　　打印日期：20×2年01月27日

图 4—28　职工中餐费的付款凭证

我们应当根据以上 3 张原始凭证编制如图 4—29 所示的记账凭证。

记　账　凭　证　　　字第　　　号

20×2 年 1 月 27 日

摘要	科目		借方金额										贷方金额										✓
	总账科目	明细科目	千	百	十	万	千	百	十	元	角	分	千	百	十	万	千	百	十	元	角	分	
付职工中餐费	应付职工薪酬	职工福利费				2	0	3	1	0	0	0											
	银行存款															2	0	3	1	0	0	0	
合　计					¥	2	0	3	1	0	0	0			¥	2	0	3	1	0	0	0	

附单据 3 张

会计主管：　　记账：　　出纳：　　复核：　　制单：李明

图 4—29　支付职工中餐费的记账凭证

（二）分配职工福利费

处理完支付职工福利费业务后，应及时根据福利费的受益情况，将职工福利费记入相应的成本费用中。我们应从业务经办人员手中取得福利费受益情况的证明材料或福利费分配表。表 4—3 是后勤主管吴汉华提交的职工中餐费分配表。

表 4—3　　20×2 年 1 月职工中餐费分配表

武汉楚风家具有限公司

职工中餐费分配表

20×2 年 1 月

部　门	人员类别	人　次	职工福利费(元)
行政部门	行政管理人员	355	3 550.00
销售部	产品销售人员	36	360.00
制作车间	车间管理人员	40	400.00
	生产工人	1 260	12 600.00
油漆车间	车间管理人员	40	400.00
	生产工人	300	3 000.00
合　计		2 031	20 310.00

制表:吴汉华　　　　20×2 年 1 月 27 日

我们应当根据这张分配表编制如图 4—30 所示的记账凭证。

记　账　凭　证　　字第　　号

20×2 年 1 月 27 日

摘　要	科目		借方金额										贷方金额										√
	总账科目	明细科目	千	百	十	万	千	百	十	元	角	分	千	百	十	万	千	百	十	元	角	分	
分配职工中餐费	管理费用	工资及附加					3	5	5	0	0	0											
	销售费用	工资及附加						3	6	0	0	0											
	生产成本	直接人工				1	5	6	0	0	0	0											
	制造费用	制作车间-工资及附加						4	0	0	0	0											
	制造费用	油漆车间-工资及附加						4	0	0	0	0											
	应付职工薪酬	职工福利费														2	0	3	1	0	0	0	
合　计					¥	2	0	3	1	0	0	0			¥	2	0	3	1	0	0	0	

附单据 1 张

会计主管:　　记账:　　出纳:　　复核:　　制单:李明

图 4—30　分配职工中餐费的记账凭证

相关知识与说明

2014 年修订的《企业会计准则第 9 号——职工薪酬》规定,企业发生的职工福利费,应当在实际发生时根据实际发生额计入当期损益或相关资产成本。因此,职工福利费应当在支付时分配(以前是先计提后使用)。

企业为职工提供的福利,有的针对某个人或某类人员,有的针对全体职工。对于前一种情况,应直接计入相应的成本费用中,对于后一种情况,应当分配计入相应的成本费用中。生产工人的福利费应当作为“直接人工”列入生产成本,其他人员的福利费应当作为“工资及附加”列入相关费用。

支付职工福利费一般应取得福利费相关票据和付款凭证,其会计分录为借记“应付职工薪酬——职工福利费”科目,贷记“银行存款”科目。分配职工福利费一般应取得福利费分配凭据,其会计分录为借记“生产成本——××产品——直接人工”、“制造费用——××车间——工资及附加”、“销售费用——工资及附加”和“管理费用——工资及附加”等科目,贷记“应付职工薪酬——职工福利费”科目。

支付职工福利费和分配职工福利费应当作为两笔业务事项处理,不可合为一笔业务,账簿上须有职工福利费发生记录。

学生练习

处理 20×2 年 1 月份和 2 月份同类业务事项。

三、其他职工薪酬的处理

其他职工薪酬包括工会经费和“五险一金”等,企业应向相关机构缴纳工会经费和“五险一金”。

(一)缴纳工会经费和职工住房公积金

20×2 年 1 月 15 日,出纳王丽从银行取回工会经费和职工住房公积金缴费凭证,分别如图 4—31 和图 4—32 所示。

中国工商银行 Industrial and Commercial Bank of China

电子转账凭证

币别：人民币　　20×2 01 14　　流水号：20×20140237

付款人	全　称	武汉楚风家具有限公司	收款人	全　称	武汉市工会
	账　号	62230286123618		账　号	268187356426901
	开户行	中国工商银行武汉楚风支行		开户行	中国农业银行武汉中山支行
金额	(大写)柒仟肆佰叁拾元整			RMB7430.00	
用途	上解上月工会经费				
备注：			中国工商银行武汉楚风支行 20×2.01.14 转讫 K00000000002 银行盖章		

第一联 客户回单

图 4—31　工会经费缴费凭证

中国工商银行 Industrial and Commercial Bank of China

电子转账凭证

币别：人民币　　20×2 01 14　　流水号：20×20140238

付款人	全　称	武汉楚风家具有限公司	收款人	全　称	武汉市住房公积金管理中心
	账　号	62230286123618		账　号	690187422681356
	开户行	中国工商银行武汉楚风支行		开户行	汉口银行武汉江南支行
金额	(大写)柒万贰仟玖佰元整			RMB72900.00	
用途	缴纳上月职工住房公积金				
备注：			中国工商银行武汉楚风支行 20×2.01.14 转讫 K00000000002 银行盖章		

第一联 客户回单

图 4—32　职工住房公积金缴费凭证

这两张凭证表明，楚风公司用银行存款分别向武汉市工会和武汉市住房公积金管理中心缴纳工会经费和职工住房公积金。我们应据此填制如图 4—33 所示的记账凭证。

记 账 凭 证

字第　　号

20×2 年 1 月 15 日

摘要	科目		借方金额	贷方金额	√
	总账科目	明细科目	千百十万千百十元角分	千百十万千百十元角分	
缴纳工会经费职工	应付职工薪酬	工会经费	743000		
住房公积金	应付职工薪酬	职工住房公积金	7290000		
	银行存款			8033000	
合计			￥8033000	￥8033000	

附单据 2 张

会计主管：　　记账：　　出纳：　　复核：　　制单：李明

图 4—33　缴纳工会经费和职工住房公积金的记账凭证

相关知识与说明

工会经费是工会组织进行工作和开展活动的费用，主要有两个来源，一是单位拨付，二是会员缴纳。国有企业和事业单位都建立了自己的工会组织，这种单位应当向本单位的工会组织拨付工会经费，私营企业大多没有建立工会组织，应当向当地工会组织上解工会经费（有的地方由税务机关代收）。

各单位的工会组织是单独的会计主体。

职工住房公积金由当地政府指定机构统一管理，企业应当每月按时为职工缴存住房公积金。

缴纳工会经费和职工住房公积金业务应当取得缴费凭证，其会计分录为借记“应付职工薪酬——工会经费”和“应付职工薪酬——职工住房公积金”科目，贷记“银行存款”科目。

（二）缴纳社会保险金

20×2 年 1 月 7 日，出纳王丽从银行取回社会保险金缴费凭证，如图 4—34 所示。

中国工商银行电子缴税付款凭证

转账日期：20×2 年 01 月 06 日　　凭证字号：20×201065894232
纳税人全称：武汉楚风家具有限公司　　纳税人识别号：9142010038MA4U65D1
付款人全称：武汉楚风家具有限公司　　征收机关：武汉市汉阳区税务局
付款人开户银行：中国工商银行武汉楚风支行　　收款国库：武汉市金库 867018
付款人账号：62230286123618　　缴款书交易流水号：20×201062303404
大写(合计)金额：壹拾伍万陆仟零陆元整　　税票号码：YHDYH0000001405379
小写(合计)金额：￥156006.00

税(费)种名称	所属期间	实缴金额
基本养老保险金	20×20101-20×20131	102060.00
基本医疗保险金	20×20101-20×20131	36450.00
失业保险金	20×20101-20×20131	10935.00
工伤保险金	20×20101-20×20131	3645.00
生育保险金	20×20101-20×20131	2916.00

中国工商银行武汉楚风支行　转讫

第 1 次打印　　打印日期：20×20106

图 4—34　社会保险金缴费凭证

这张凭证表明，楚风公司用银行存款缴纳 20×2 年 1 月份职工社会保险金。我们应据此填制如图 4—35 所示的记账凭证。

记　账　凭　证　　字第　　号

20×2 年　1 月　7 日

摘　要	总账科目	明细科目	借方金额	贷方金额	√
缴纳职工社会保险	应付职工薪酬	职工养老保险	10206000		
	应付职工薪酬	职工医疗保险	3645000		
	应付职工薪酬	职工失业保险	1093500		
	应付职工薪酬	职工工伤保险	364500		
	应付职工薪酬	职工生育保险	291600		
	银行存款			15600600	
合　计			￥15600600	￥15600600	

附单据 1 张

会计主管：　记账：　出纳：　复核：　制单：李明

图 4—35　缴纳社会保险金的记账凭证

相关知识与说明

社会保险金由当地社会保险机构负责征收管理。许多地方将社会保险金交由税务机关代为征收,税务机关委托企业开户银行代扣(金额往往由税务机关核定),因此,企业取得的回单叫"电子缴税付款凭证"。

缴纳社会保险金业务应当取得缴费凭证,其会计分录为借记"应付职工薪酬——职工养老保险(医疗保险、失业保险、工伤保险或生育保险)"科目,贷记"银行存款"科目。

根据现行政策,职工养老保险、医疗保险、失业保险和住房公积金由企业和职工个人分别按照职工工资基数的一定比例缴纳,职工工伤保险和生育保险由企业缴纳,职工个人不缴。个人应缴部分由企业在发放工资时代扣,企业应缴部分在月末计提,然后分别合并后通过银行缴纳。从银行取得的回单上只注明了各项目总金额,没有说明企业和个人各缴了多少。因此,把代扣个人的"三险一金"与企业应缴的"三险一金"分别合并在同一明细账户中,也就顺理成章了。对于个人"三险一金"的处理,有人主张在"其他应付款——职工养老保险(医疗保险、失业保险或住房公积金)"科目中核算,这种做法稍显欠缺,原始凭证不能直接说明记账凭证上的金额,而且与实际做法不尽一致(一般做法是企业应缴部分由企业当月缴纳,当月计提,个人应缴部分由企业当月垫付,下月扣回)。

学生练习

处理20×2年1月份和2月份同类业务事项。

任务六　处理公用事业费支付业务

企业在生产经营过程中必然要使用公用事业单位提供的产品或服务,如自来水、电力和通信,企业一般要按月支付公用事业费。

20×2年1月26日,行政办公室后勤主管吴汉华提交1张付款申请单,如图4－36所示,请求支付水费。

武汉楚风家具有限公司

付款申请单

申请人	吴汉华	所属部门	行政办公室	申请日期	20×2年1月26日
费用金额	¥240.00	付款方式	□现金　□支票　☑网银　□电汇　其他______		
事　由	水费　　（□附清单）				
收款单位	武汉自来水有限公司		地　址	武汉市风华路8号	
开户银行	建设银行武汉风华支行		账　号	256894015628932	
联系人		职　务		电　话	027－33331111
部门领导	何文	公司领导	张开新	备　注	

图 4－36　水费的付款申请单

出纳王丽根据付款申请单通过网上银行支付了水费，并将付款凭证交给我们，如图 4－37 所示。

中国工商银行　网上银行电子回单

电子回单号码：0000302527575

付款人	户　名	武汉楚风家具有限公司	收款人	户　名	武汉自来水有限公司
	账　号	62230286123618		账　号	256894015628932
	开户银行	中国工商银行武汉楚风支行		开户银行	中国建设银行武汉风华支行
金　额		¥240.00	金　额（大写）		贰佰肆拾元整
交易流水号		00268052	交易时间		20×2年01月26日
中国工商银行 电子回单 专用章		备注：水费			
		记账网点 1260	记账柜员 12	记账日期	20×2年01月26日

重要提示：本回单不作为收款方发货依据，请勿重复记账。　　打印日期：20×2年01月26日

图 4－37　水费的付款凭证

随后，后勤主管吴汉华又交来 1 张水费发票，如图 4－38 所示。

4200123140　　**湖北增值税专用发票**　　№ 01335745

发票联

开票日期：20×2 年 01 月 26 日

购买方	名称：武汉楚风家具有限公司 纳税人识别号：9142010038MA4U65D1 地址、电话：武汉市楚风路 1 号 027-81886688 开户行及账号：工商银行武汉楚风支行 62230286123618			密码区	92/37+843+50+-4-+>4>0+86/0* 787*7-70<*856<-41-2++9441>3 2+3<9+004*/486*/32-4>566<33 80/52>2+5*8+*-3-<327/+->342		
货物或应税劳务、服务名称	规格型号	单位	数量	单价	金额	税率	税额
自来水		吨	120	1.8349	220.19	9%	19.81
合计					220.19		19.81
价税合计（大写）	⊗ 贰佰肆拾圆整				（小写）¥240.00		
销售方	名称：武汉自来水有限公司 纳税人识别号：914201032648563981 地址、电话：武汉市风华路 8 号 027—33331111 开户行及账号：建设银行武汉风华支行 256894015628932			备注	武汉自来水有限公司 914201032648563981 发票专用章		

收款人：　　复核：　　开票人：万欣　　销售方：（章）

第三联 发票联 购买方记账凭证

图 4—38　水费发票

至此，支付水费的单据已收齐，我们可以据此填制如图 4—39 所示的记账凭证。

记　账　凭　证　　字第　　号

20×2 年 1 月 26 日

摘要	总账科目	明细科目	借方金额	贷方金额	√
付水费	管理费用	水电费	22019		
	应交税费	应交增值税（进项税额）	1981		
	银行存款			24000	
合计			¥24000	¥24000	

附单据 3 张

会计主管：　　记账：　　出纳：　　复核：　　制单：李明

图 4—39　支付水费的记账凭证

相关知识与说明

公用事业是指由当地各单位和居民共享，服务于城市生产、流通和居民生活的各项事业的总称，主要包括公共交通、邮政、电信、城市供水排水、供电、供热、供气。

公用事业费支付业务的会计处理

公用事业费的支付方式主要有用户自行缴纳和银行代收或代付两种，由用户与公用事业单位协商确定。用户自行缴纳是用户按照相应公用事业单位的要求，在规定的时间内按所消费的金额将费用直接交到公用事业单位，同时取得发票。银行代收或代付是由公用事业单位委托自己的开户银行向用户收取费用，或者由用户委托自己的开户银行向公用事业单位支付费用，公用事业单位将费用发票交给用户的开户银行或委托用户的开户银行代为开具费用发票，银行支付费用后将费用发票转交用户。

公用事业费涉及企业各个部门，通常由企业统一支付。企业的公用事业费一般应按使用部门分配，对于未分别计量或者金额较小的费用，可以全部计入管理费用。

公用事业费支付业务应当取得公用事业费发票和付款凭证，需要分配的还要取得分配凭据，其会计分录一般为借记“制造费用——××车间——水电费(办公费)”、“销售费用——水电费(办公费)”和“管理费用——水电费(办公费)”等科目，贷记“银行存款”科目。

学生练习

处理20×2年1月份和2月份同类业务事项。

任务七　处理其他业务事项

企业经济业务的类别很多，除了以上介绍的业务外，还有一些业务也是企业经常发生的，如缴纳税费、银行收费与付息。另外，会计人员每月还要处理一些经济事项，如计提固定资产折旧、摊销无形资产。

一、缴纳税费

企业须按照税法规定缴纳有关税费，切实履行纳税义务。

20×2 年 1 月 13 日，出纳王丽从银行取回缴税回单，转交给我们，如图 4—40 所示。

中国工商银行电子缴税付款凭证

转账日期：20×2 年 01 月 12 日　　　　凭证字号：20×20112045485
纳税人全称：武汉楚风家具有限公司　　　　纳税人识别号：9142010038MA4U65D1
付款人全称：武汉楚风家具有限公司　　　　征收机关：武汉市汉阳区税务局
付款人开户银行：中国工商银行武汉楚风支行　　　　收款国库：武汉市金库 867018
付款人账号：62230286123618　　　　缴款书交易流水号：20×2011203436152
大写(合计)金额：壹拾陆万肆仟伍佰贰拾捌元整　　　　税票号码：420005013262263631
小写(合计)金额：￥164528.00

税(费)种名称	所属期间	实缴金额
增值税	20×11201-20×11231	146900.00
城市维护建设税	20×11201-20×11231	10283.00
教育费附加	20×11201-20×11231	4407.00
地方教育附加	20×11201-20×11231	2938.00

第 1 次打印　　　　打印日期：20×20112

（印章：中国工商银行武汉楚风支行 20×2.01.12 转讫）

图 4—40　缴税回单

这张凭证表明，楚风公司用银行存款向武汉市汉阳区税务局缴纳增值税和其他税费。我们应据此填制如图 4—41 所示的记账凭证。

记　账　凭　证　　字第　　号

20×2 年 1 月 13 日

摘要	总账科目	明细科目	借方金额（千百十万千百十元角分）	贷方金额（千百十万千百十元角分）	√
缴纳税费	应交税费	应交增值税（已交税金）	14690000		
	应交税费	应交城市维护建设税	1028300		
	应交税费	应交教育费附加	440700		
	应交税费	应交地方教育附加	293800		
	银行存款			16452800	
合计			￥16452800	￥16452800	

附单据 1 张

会计主管：　　记账：　　出纳：　　复核：　　制单：李明

图 4—41　缴纳税费的记账凭证

相关知识与说明

税费缴纳方式主要有转账缴税和电子缴税(网上缴税)两种。采取转账缴税方式的企业凭税务机关开具的税收缴款书到开户银行办理转账缴税手续,用银行盖章后退回的税收缴款书第一联作为账务处理的原始凭证;采取电子缴税方式的企业通过电子缴税入库系统缴纳税款后从开户银行取得电子缴税回单,作为账务处理的原始凭证。

缴纳税费业务应当取得缴税的银行回单,其会计分录一般为借记"应交税费——××税(费)"科目,贷记"银行存款"科目。

二、银行收费和付息

银行为各单位提供资金管理服务、结算服务和其他服务需要收取一定的费用,并出具收费凭证。各单位将资金存入银行,银行吸收了存款,需要向各单位支付存款利息。

楚风公司按季收到银行支付的存款利息,年末时银行从存款账户中扣取账户管理费和回单柜使用费等费用(参见配套教材《基础会计实训》20×2 年 12 月的凭证资料)

相关知识与说明

一、银行收费与付息

银行向企业收取的费用主要有账户管理费、回单柜使用费、结算手续费、单据工本费等。账户管理费和回单柜使用费一般按年收取,结算手续费按月或按次收取,单据工本费按次收取。所有费用银行直接从存款人账户中扣取,然后将相关票据放入回单柜中,以此通知存款人。

企业将资金存入银行,银行在保证企业资金使用不受影响的前提下可以动用企业资金,因此应向企业支付存款(活期)利息。存款利息一般按季支付,实际上是企业的一项收入。

银行收费业务应取得银行收费凭证,其会计分录一般是借记"管理费用——办公费"和"财务费用——银行服务费"科目,贷记"银行存款"科目。单据工本费计入"管理费用"(企业从银行购买的各种单据属于办公用品),其他费用计入"财务费用"。银行付息业务应有银行付息凭证，其会计分录是借记“银行存款”科目，贷记“财务费用——存款利息”科目。

“财务费用”科目核算企业筹集和运用资金所发生的各项费用，应按费用类别设置明细科目，一般可将账户管理费、回单柜使用费、结算手续费合为“银行服务费”，将向银行或其他企业支付的利息和从银行或其他企业收取的利息都列为“利息”，也可单列“存款利息”。财务费用中有支出，也有收入，同期收支相抵，可能是净支出，也可能是净收入（用负数表示）。

二、期间费用

销售费用、管理费用和财务费用都属于期间费用。期间费用是指企业为组织和管理企业生产经营、筹集生产经营所需资金以及销售商品等而发生的各项费用。期间费用是企业本期发生的，不能直接或间接归入营业成本，应当直接计入当期损益。

三、计提固定资产折旧

企业在生产经营过程中使用了各种固定资产，固定资产的耗费以折旧的形式转入相关费用。

楚风公司拥有许多不同类别的固定资产，20×2 年 1 月 31 日，我们分类计提了 1 月份固定资产折旧，如表 4—4 所示。

表 4—4　20×2 年 1 月固定资产折旧计提表

武汉楚风家具有限公司

固定资产折旧计提表

20×2 年 1 月

使用部门	类　别	资产原值	折旧年限（年）	月折旧额（元）
行政管理部门	房屋建筑物	2 848 000.00	20	11 392.00
	机器设备	40 000.00	10	320.00
	运输工具	100 000.00	8	1 171.88
	工具家具	109 100.00	5	1 745.60
	电子设备	14 400.00	3	384.00
	小　计	3 111 500.00	—	15 013.48
销售部	工具家具	9 700.00	5	155.20
	电子设备	3 600.00	3	96.00
	小　计	13 300.00	—	251.20

续表

使用部门	类　别	资产原值	折旧年限(年)	月折旧额(元)
制作车间	房屋建筑物	1 800 000.00	20	7 200.00
	机器设备	1 140 000.00	10	9 120.00
	小　　计	2 940 000.00	—	16 320.00
油漆车间	房屋建筑物	1 200 000.00	20	4 800.00
	机器设备	180 000.00	10	1 440.00
	小　　计	1 380 000.00	—	6 240.00
合　　计		7 444 800.00	—	37 824.68

制表:李明　　　　20×2 年 1 月 31 日

我们应据此填制如图 4—42 所示的记账凭证。

记　账　凭　证

字第　　号

20×2 年　1 月 31 日

摘　要	总账科目	明细科目	借方金额	贷方金额	√
计提固定资产折旧	管理费用	固定资产折旧	1501348		
	销售费用	固定资产折旧	25120		
	制造费用	制作车间-固定资产折旧	1632000		
	制造费用	油漆车间-固定资产折旧	624000		
	累计折旧			3782468	
合　　计			¥3782468	¥3782468	

附单据 1 张

会计主管:　　记账:　　出纳:　　复核:　　制单: 李明

图 4—42　计提固定资产折旧的记账凭证

相关知识与说明

企业购建固定资产的支出属于资本性支出,应在一定的年限内采取折旧的方法将其价值逐步转移到相关费用中。固定资产从投入使用的次月起计提折旧,从停止使用的次月起停止折旧,因此,计提固定资产折旧可以在一个月份中的任何一天进行。

计提固定资产折旧应当先编制固定资产折旧计提表,再填制记账凭证,会计分录为借记“制造费用——××车间——固定资产折旧”、“销售费用——固定资产折旧”和“管理费用——固定资产折旧”等科目,贷记“累计折旧”科目。

"累计折旧"科目核算企业固定资产的折旧额,一般不设明细科目。计提折旧记在该科目贷方,转出折旧记在该科目借方,期末贷方余额反映企业现有(用)固定资产从投入使用开始到目前的折旧额。"累计折旧"是"固定资产"的备抵科目(账户)。备抵科目(账户)是用来抵减对应科目金额的科目(账户)。固定资产期末余额减去累计折旧期末余额就是固定资产账面净值。

固定资产折旧涉及固定资产净残值、折旧年限和折旧方法,关于这些内容请查阅财务会计书籍。

四、摊销无形资产

无形资产能在较长时间内为企业带来经济利益,其价值应在一定的年限内摊销。

楚风公司目前只拥有一项无形资产,即土地使用权。20×2 年 1 月 31 日,我们编制了 1 月份无形资产摊销表,如表 4—5 所示。

表 4—5　　20×2 年 1 月无形资产摊销表

武汉楚风家具有限公司

无形资产摊销计算表

20×2 年 1 月

资产名称	原始价值(元)	摊销年限(年)	月摊销额(元)
土地使用权	6 000 000.00	50	10 000.00

制表:李明　　20×2 年 1 月 31 日

我们应据此填制如图 4—43 所示的记账凭证。

记　账　凭　证　　字第　　号

20×2 年 1 月 31 日

摘　要	科目：总账科目	科目：明细科目	借方金额（千百十万千百十元角分）	贷方金额（千百十万千百十元角分）	✓
摊销无形资产	管理费用	无形资产摊销	1000000		
	累计摊销			1000000	
合　计			¥1000000	¥1000000	

附单据 1 张

会计主管:　记账:　出纳:　复核:　制单:李明

图 4—43　摊销无形资产的记账凭证

相关知识与说明

一、无形资产

无形资产是指企业拥有或者控制的、没有实物形态的、可辨认的非货币性资产，通常包括专利权、非专利技术、商标权、著作权、特许权、土地使用权等。

无形资产属于非流动资产，企业取得无形资产所发生的支出属于资本性支出，无形资产的价值采取摊销的方法逐步转移到相关费用中。

摊销无形资产应当先编制无形资产摊销表，再填制记账凭证，会计分录一般为借记“管理费用——无形资产摊销”等科目，贷记“累计摊销”科目。“无形资产摊销”可与“固定资产折旧”合为“折旧摊销”费用项目。

“累计摊销”科目核算企业对使用寿命有限的无形资产计提的摊销额，一般不设明细科目。摊销记在该科目贷方，转出摊销额记在该科目借方，期末贷方余额反映企业现有(用)无形资产从投入使用开始到目前的摊销额。“累计摊销”是“无形资产”的备抵科目(账户)，无形资产期末余额减去累计摊销期末余额就是无形资产账面净值。

二、财务机器人

处理日常经济业务事项，占据了会计人员大量的时间和精力。随着科学技术的发展，会计也将发生深刻变革。财务机器人已经在会计工作中得到应用，它能够识别原始凭证，抓取其中的关键信息，自动生成记账凭证。

财务机器人大大提高了会计工作效率，把会计人员从繁重、重复的劳动中解放出来，投入更具创造性的工作中，从财务会计转向管理会计。财务机器人是会计智能化的具体表现，必将得到广泛应用。会计人员应当不断学习新知识，跟上时代发展步伐。

但是，会计人员不能因为财务机器人的出现而忽视对日常经济业务事项处理程序和方法的学习，财务机器人只是帮助会计人员处理一些事务，如何处理事务还得听从会计人员的指令，会计人员还要检查处理过程和结果。

学生练习

处理 20×2 年 1 月份和 2 月份同类经济事项。

项目五

登记明细账

学习目标：

1. 能对记账凭证熟练进行整理、编号，正确登记明细账。

2. 掌握记账凭证的整理、编号方法和明细账的登记方法，了解专用记账凭证的使用方法。

3. 培养认真、细致的工作作风。

任务清单

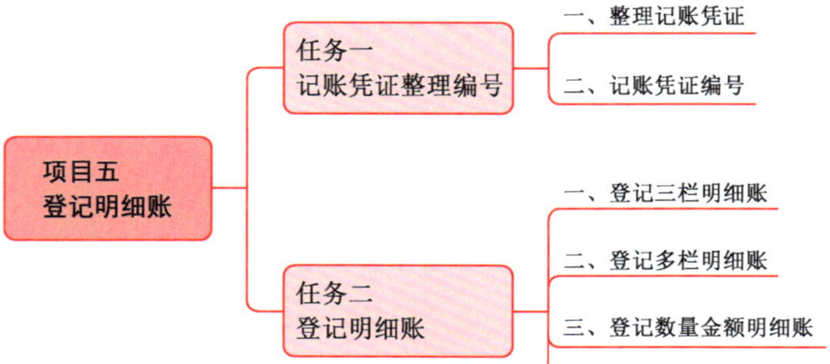

任务一　记账凭证整理编号

前面我们已经填制了一些记账凭证，我们是按业务类别处理的，记账凭证也是按业务类别存放的。我们应对这些记账凭证进行整理、编号，为登记明细账做准备。

在对记账凭证进行整理和编号时，我们要特别认真、细致，遵守相关规则，不能遗漏记账凭证，不能颠倒记账凭证顺序，不能出现缺号和重号。

一、整理记账凭证

我们按照以下程序整理记账凭证：

1. 检查凭证是否齐全。检查到目前为止的经济业务事项是否都已经编制了记账凭证，记账凭证有没有丢失，原始凭证是否附在记账凭证后面。

2. 排列记账凭证。以记账凭证的日期为序，时间在前的记账凭证排在前面。

3. 注意关联经济业务事项记账凭证的排列。关联经济业务事项是指两个经济业务事项存在逻辑（先后）关系，先有一个经济业务事项，才能有另一个经济业务事项，前者为因，后者为果。比如 1 月 27 日的记账凭证中“付职工中餐费”和“分配职工中餐费”存在逻辑关系，职工福利费应当先支付后分配，因此，“付职工中餐费”的记账凭证放在前面，“分配职工中餐费”的记账凭证放在后面。对于没有逻辑关系的经济业务（购货与付款、销售与收款可先可后，当作没有逻辑关系处理），其记账凭证顺序可以随意。

二、记账凭证编号

整理记账凭证后，我们从 1 号开始对现有记账凭证进行编号，将第一张记账凭证编为 1 号，如图 5—1 所示。

记　账　凭　证　　　　记字第 1 号

20×2 年 1 月 4 日

摘要	科目		借方金额	贷方金额	√
	总账科目	明细科目	千百十万千百十元角分	千百十万千百十元角分	
购螺钉	原材料	螺钉	500000		
	应交税费	应交增值税（进项税额）	65000		
	预付账款	武汉茂源标准件公司		565000	
合计			¥565000	¥565000	

附单据 2 张

会计主管：　　记账：　　出纳：　　复核：　　制单：李明

图 5—1　记账凭证编号

相关知识与说明

在实际工作中，每张记账凭证填制后应及时编号，以方便自己和他人登记账簿。在不影响后续工作的前提下，也可以将一批记账凭证集中进行编号。

如果使用专用记账凭证，应在编号前加“字”以区分不同类别的记账凭证。对于收款凭证，区分收进现金还是银行存款，分别加“现收”和“银收”，对于付款凭证，区分付出现金还是银行存款，分别加“现付”和“银付”，转账凭证加“转”字。使用通用记账凭证的，可不加字，也可加“记”字。记账凭证应分类整理，同一类别的记账凭证放在一起，并按时间顺序排列。

专用记账凭证的使用

记账凭证编号应遵循以下规则：第一，分类编号，每个类别采用一个序列号；第二，每月为一组，每月都从 1 号开始编号；第三，编号应连续，中间不得缺号、重号。

在电算化会计中，记账凭证编制完成后，由系统按编制顺序自动编号。

学生练习

对 20×2 年 1 月份和 2 月份现有的记账凭证进行整理编号。

任务二　登记明细账

不同明细账的账页格式和内容有所不同，明细账的登记方法因此不同，我们必须区别对待。

登记明细账时，我们要认真、细致，要严格遵守明细账登记规则，特别要注意保持账证一致，不能漏记，也不能出现差错。一旦出现账证不符的错误，会给后面结账和对账造成很大困难。

一、登记三栏明细账

20×2 年 1 月的第 1 号记账凭证（见图 5－1）中有一个科目“预付账款——武汉茂源标准件公司”，我们应在三栏明细账中找到这个账户，并把这张记账凭证的相关内容抄到账簿上，如图 5－2 所示。

明细分类账

总页		分页	

一级科目：预付账款　　　　子目或户名：武汉茂源标准件公司

20×2年 月	日	凭证 字	号	摘要	借方（千百十万千百十元角分）	贷方（千百十万千百十元角分）	借或贷	余额（千百十万千百十元角分）
				上年结转			借	565000
1	4	记	1	购螺钉		565000		

图 5—2　登记三栏明细账

同时，我们还应在第 1 号记账凭证"预付账款"所在行进行标记（打"√"），表示该行已登记入账，并在记账处签名，如图 5—3 所示。以后登记明细账都要这样进行，不再赘述。

记　账　凭　证　　记字第　1　号

20×2 年　1 月　4 日

摘要	科目 总账科目	明细科目	借方金额（千百十万千百十元角分）	贷方金额（千百十万千百十元角分）	√
购螺钉	原材料	螺钉	500000		
	应交税费	应交增值税（进项税额）	65000		
	预付账款	武汉茂源标准件公司		565000	√
合计			￥565000	￥565000	

附单据 2 张

会计主管：　　记账：李明　　出纳：　　复核：　　制单：李明

图 5—3　记账后标记并签名

相关知识与说明

一、登记账簿

（一）登记账簿的概念

登记账簿简称登账或记账，也称过账，是将记账凭证的内容分门别类地记录在账簿之中，以便系统、连续地反映会计主体的经济运行情况。

登记明细账

登记账簿是会计核算工作的中心环节。在手工记账方式下，由记账人员根据记账凭证在纸质账簿上进行手工登记。在电算化会计中，由系统根据会计人员的指令完成账簿登记工作。

（二）账簿登记规则

登记账簿一般应按下列规则进行：

1. 在同一账户中一般应按记账凭证时间和编号顺序进行登记。

2. 账簿记录与记账凭证保持一致。账簿上的日期，凭证字、号，金额都要与记账凭证相同，当月第一笔记录写上月份，以后可以省略，账簿上的“摘要”可以适当简化，金额方向应与记账凭证一致。如果账簿中没有该方向，则在相反方向用红字进行登记。

3. 账簿记录应当连续，不跳行、隔页。如果发生跳行，应在该行摘要栏注明“此行空白”。如果发生隔页，应在该页摘要栏注明“此页空白”，或者在该页用红笔对角划“×”。一年中所有月份的记录应当连在一起。

4. 文字清楚，数字靠本行底线书写，一般不超过行高的 2/3。

5. 使用档案墨水。账簿需要保存很长时间，必须保证账簿记录不褪色。

6. 登记后及时在记账凭证的相应位置进行标记，防止漏记、重记，每个记账人员都应在记账凭证的记账签名处写上自己的姓名。

7. 未设置的账户（项目）登记时予以设置。

8. 如果某笔业务事项漏记，可在当月补记。

在电算化会计中，系统已进行了规范设计，登记账簿时不需要考虑登记规则。

二、错账更正

在登记账簿时，如果不小心把金额写错了，应用红笔将错误数字整体划掉，在上面用黑笔写上正确的数字，并在旁边签名或盖章，如图 5—4 所示。

明细分类账

总页 | 分页

一级科目：预付账款　　　　子目或户名：武汉茂源标准件公司

20×2年		凭证		摘要	借方（千百十万千百十元角分）	贷方（千百十万千百十元角分）	借或贷	余额（千百十万千百十元角分）
月	日	字	号					
				上年结转			借	565000
1	4	记	1	购螺钉		[illegible]明 565000 ~~5650000~~		

图 5—4　错账更正示例

如果其他文字书写错误，将错误的文字划去，写上正确的文字即可。如果错误的金额是红字，则用黑笔划掉，用红笔写上正确的数字。账簿记录不得用橡皮、粘胶带、涂改液更改，也不得将写错的数字涂黑。活页式账簿可以换掉错误的账页，订本式账簿不可以撕下错误的账页。

如果一笔业务记重或者记错账户，可用红笔将该行记录整体划掉，也可在该行加盖“此笔作废”印章。

如果在登记账簿前发现记账凭证错误，应将错误的记账凭证作废，重新编制记账凭证，不应在记账凭证上更正。如果在登记账簿后立即发现记账凭证错误，可以将记账凭证作废，并将账簿上该行记录划掉，编制正确的记账凭证并重新登记账簿。

学生练习

登记 20×2 年 1 月份的三栏明细账。

二、登记多栏明细账

20×2 年 1 月的第 2 号记账凭证中有一个科目“生产成本——直接材料”，如图 5—5 所示。

记　账　凭　证　　　　记字第 2 号

20×2 年 1 月 4 日

摘要	总账科目	明细科目	借方金额（千百十万千百十元角分）	贷方金额（千百十万千百十元角分）	√
制作车间领用材料	生产成本	直接材料	2304000		
	原材料	原木		1744000	
	原材料	钢条		360000	
	原材料	螺钉		200000	
合计			¥2304000	¥2304000	

附单据 1 张

会计主管：　　记账：　　出纳：　　复核：　　制单：李明

图 5—5　20×2 年 1 月的第 2 号记账凭证

我们应在多栏明细账中找到“生产成本”这个账户，并应把这张记账凭证中的相关内容抄到账簿上，其中“借方”栏和“直接材料”栏都要写上金额，如图 5－6 所示（账簿中其他与本次记账无关的部分略去）。

生产成本　明细分类账

产品名称：桌椅

20×2年		凭证		摘要	借方	（借）方金	
						直接材料	直接人工
月	日	字	号		千百十万千百十元角分	千百十万千百十元角分	千百十万千百十元角分
1	4	记	2	制作车间领用材料	2304000	2304000	

图 5－6　登记多栏明细账

相关知识与说明

多栏明细账设置了总金额栏和项目金额栏，登记时须同时登记总金额栏和项目金额栏，未设置的项目在登记账簿时根据记账凭证上的明细科目添加。

多栏明细账上往往只设定了一方发生额，如果记账凭证上的借贷方向与账簿设定方向不一致，应用红字进行登记，表示方向相反。

有时，一张记账凭证上同一个账户有两个以上项目（如 1 月 20 日第 21 号记账凭证上“管理费用”有“差旅费”和“其他”两个项目），登记账簿时应当在同一行分别登记各项目金额，并在总金额栏（借方栏）登记合计金额。

学生练习

登记 20×2 年 1 月份的多栏明细账。

三、登记数量金额明细账

20×2 年 1 月的第 1 号记账凭证（见图 5－1）中有一个科目“原材料——螺钉”，我们应在存货明细账中找到这个账户，并应把这张记账凭证的相关内容抄到账簿上，数量和单价根据所附原始凭证填写，如图 5—7 所示。

原材料明细分类账

总页 分页

最高存量　　　　　　　　　　　　　　　　　　　　　　　　　　　　编　号

最低存量　　存储地点 材料仓库　　规　格 25　　类　别 辅助材料　　计量单位 盒　　品　名 螺钉

20×2年		凭证		摘要	借方			贷方			余额		
月	日	字	号		数量	单价	金额（千百十万千百十元角分）	数量	单价	金额（千百十万千百十元角分）	数量	单价	金额（千百十万千百十元角分）
				上年结转							500	10.00	500000
1	4	记	1	购进	500	10.00	500000						

图 5—7　登记数量金额明细账

相关知识与说明

数量金额明细账登记时一般应同时登记数量、单价和金额。如果某种(类)存货不需要登记数量和单价，可以使用三栏明细账。

登记数量金额明细账，金额直接取自记账凭证，数量和单价须从所附原始凭证上查找。如果记录同一存货的原始凭证有多张，应当汇总存货数量。如果原始凭证上没有列示存货单价，或者记录同一存货的多张原始凭证有多个金额，应当(重新)计算存货单价(用该种存货的总金额除以总数量)。

登记数量金额明细账时，必须注意存货的计量单位。有的存货会用到不同的计量单位，购进时用一种计量单位，发出时用另一种计量单位，记账时必须按照账簿上列明的计量单位进行换算。

如果某种存货账簿上没有对应账户，应当根据记账凭证和原始凭证进行设置。

学生练习

登记 20×2 年 1 月份的存货明细账。

四、登记增值税明细账

20×2 年 1 月的第 1 号记账凭证（见图 5—1）中有一个科目“应交税费——应交增值税”，我们应在增值税专用账簿中进行如图 5—8 所示（账簿中其他与本次记账无关的部分略去）的登记。

应交税费（增值税）明细分类账

20×2年		凭证		摘　要	借																													
					合　计										进项税额										已交税金									
月	日	字	号		千	百	十	万	千	百	十	元	角	分	千	百	十	万	千	百	十	元	角	分	千	百	十	万	千	百	十	元	角	分
				上年结转																														
1	4	记	1	购螺钉						6	5	0	0	0						6	5	0	0	0										

图 5—8　登记增值税明细账

相关知识与说明

登记增值税明细账时必须同时登记合计金额栏和项目金额栏，大多数情况下合计金额等于项目金额。

增值税明细账（专用账簿）上项目专栏是固定的，不可调整位置，也不可任意增设栏目。如果记账凭证上借贷方向与账簿上不一致，应用红字在相应栏内进行登记。

学生练习

登记 20×2 年 1 月份的增值税明细账。

项目六

处理期末业务事项

学习目标：

1. 能熟练处理分配工资并计提相关费用、分配制造费用、产品完工入库、产品出库、计提应交税费、结转损益和本年利润等期末业务事项。

2. 熟悉期末业务事项处理程序和方法，掌握相关会计科目的核算内容。

3. 培养对工作负责、不辞劳苦的精神，增强工作主动性，树立纳税观念，为国聚财。

任务清单

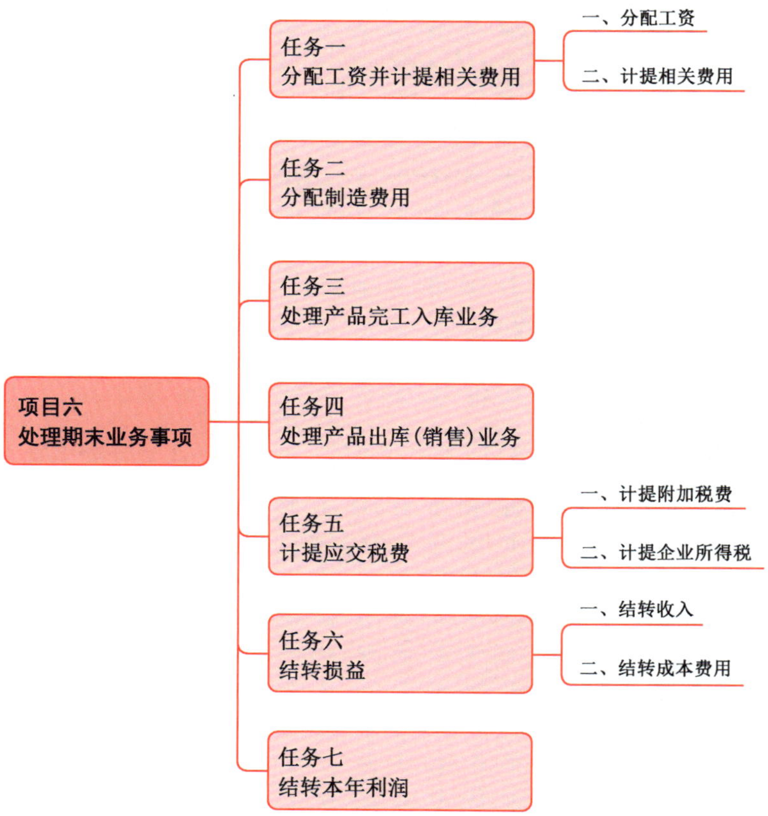

任务一　分配工资并计提相关费用

每个月都应将当月应付的职工工资分配计入当月相关的成本费用中。确定了当月应付职工工资后才能计提与工资相关的各项费用。应付职工工资和相关的各项费用都应当按照权责发生制原则分配计入相关的成本费用中。

一、分配工资

每个月末，企业人事管理部门应当将当月职工工资变动情况书面通知财务部门，会计人员应当根据人事管理部门的通知和上月工资汇总各个部门、各类人员的工资总额，编制职工工资分配表。

20×2 年 1 月 31 日，我们编制了 1 月份的工资分配表，如表 6－1 所示。

表 6－1　　20×2 年 1 月工资分配表

武汉楚风家具有限公司

工资分配表

20×2 年 1 月

部　门	人员类别	应付工资(元)
行政部门	管理人员	73 600.00
销售部	销售人员	8 300.00
制作车间	管理人员	8 300.00
	生产工人	217 000.00
油漆车间	管理人员	8 300.00
	生产工人	49 000.00
合　计		364 500.00

制表：李明　　　　20×2 年 1 月 31 日

我们应据此编制记账凭证，并登记相关明细账。图 6－1 就是分配工资的记账凭证(此后编制的每张记账凭证都要及时登记相关明细账，在此直接给出记账后的记账凭证)。

记　账　凭　证　　　　记字第 44 号

20×2 年 1 月 31 日

摘　要	科　目		借方金额										贷方金额										√
	总账科目	明细科目	千	百	十	万	千	百	十	元	角	分	千	百	十	万	千	百	十	元	角	分	
分配本月工资	管理费用	工资及附加				7	3	6	0	0	0	0											√
	销售费用	工资及附加					8	3	0	0	0	0											√
	生产成本	直接人工			2	6	6	0	0	0	0	0											√
	制造费用	制作车间-工资及附加					8	3	0	0	0	0											√
	制造费用	油漆车间-工资及附加					8	3	0	0	0	0											√
	应付职工薪酬	职工工资													3	6	4	5	0	0	0	0	√
合　计				¥	3	6	4	5	0	0	0	0		¥	3	6	4	5	0	0	0	0	

附单据 1 张

会计主管：　　记账：李明　　出纳：　　复核：　　制单：李明

图 6—1　分配工资的记账凭证

相关知识与说明

一、期末业务事项

企业有些业务事项只能在月末或年末进行处理，称之为期末业务事项。期末业务事项主要有分配工资并计提相关费用、分配制造费用、产品完工入库、产品出库、计提应交税费、结转损益和本年利润等。

期末业务事项可分为两种情况，一是有相关部门或人员提供原始凭证或资料的期末业务事项，二是没有人提供原始凭证或资料，需要会计人员主动去从账簿中查找数据，编制相关表格的期末业务事项。

二、分配职工工资

企业职工可能因为入职或离职、岗位或职务变动、考勤、工资调整等原因导致工资变化，当月应付职工工资往往要到月末才能确定。编制工资分配表时通常以上月的工资分配表为基础进行调整。

分配工资是确定当月应付职工工资是多少，按照权责发生制原则，这些工资应当计入哪些成本费用中。必须注意，用来分配的是当月应付给职工的工资，不是当月发放给职工的工资。

分配职工工资

处理分配工资事项应当先编制工资分配表，然后填制记账凭证，其会计分录一般为借记“生产成本——××产品——直接人工”、“制造费用——××车间——工资及附加”、“销售费用——工资及附加”和“管理费用——工资及附加”等科目，贷记“应付职工薪酬——职工工资”科目。

在填制每一笔期末业务事项记账凭证后都应及时登记相关明细账，因为处理后面的期末业务事项一般要根据相关明细账账簿记录进行，这就要求相关明细账账簿记录完整。

学生练习

处理 20×2 年 1 月份工资分配事项。

二、计提相关费用

企业应按照国家和地方政府的相关规定提取工会经费和“五险一金”。与前面讲到的业务事项相比，这种事项没有人给我们提供资料数据，也没有人提醒我们做这件事情，需要我们每月定时进行。我们必须本着对工作负责的精神，增强工作主动性。

（一）计提工会经费

20×2 年 1 月 31 日，我们根据本月工资分配表编制了 1 月份的工会经费计提表，如表 6—2 所示。

表 6—2　　20×2 年 1 月工会经费计提表

武汉楚风家具有限公司

工会经费计提表

20×2 年 1 月　　单位：元

部　门	人员类别	工资总额	工会经费
行政部门	管理人员	73 600.00	1 472.00
销售部	销售人员	8 300.00	166.00
制作车间	管理人员	8 300.00	166.00
	生产工人	217 000.00	4 340.00
油漆车间	管理人员	8 300.00	166.00
	生产工人	49 000.00	980.00
合　计		364 500.00	7 290.00

制表：李明　　20×2 年 1 月 31 日

我们应据此填制如图 6—2 所示的记账凭证，并登记相关明细账。

记 账 凭 证

记字第 45 号

20×2 年 1 月 31 日

摘要	科目		借方金额	贷方金额	√
	总账科目	明细科目	千百十万千百十元角分	千百十万千百十元角分	
计提工会经费	管理费用	工资及附加	147200		√
	销售费用	工资及附加	16600		√
	生产成本	直接人工	532000		√
	制造费用	制作车间-工资及附加	16600		√
	制造费用	油漆车间-工资及附加	16600		√
	应付职工薪酬	工会经费		729000	√
合 计			¥729000	¥729000	

附单据 1 张

会计主管： 记账：李明 出纳： 复核： 制单：李明

图 6—2 计提工会经费的记账凭证

（二）计提“五险一金”

20×2 年 1 月 31 日，我们根据本月工资分配表编制了 1 月份的“五险一金”计提表，如表 6—3 所示。

表 6—3 20×2 年 1 月“五险一金”计提表

武汉楚风家具有限公司

职工“五险一金”计提表

20×2 年 1 月 单位：元

部 门	人员类别	工资总额	养老保险	医疗保险	失业保险	工伤保险	生育保险	住房公积金	合 计
行政部门	管理人员	73 600.00	14 720.00	5 888.00	1 472.00	736.00	588.80	7 360.00	30 764.80
销售部	销售人员	8 300.00	1 660.00	664.00	166.00	83.00	66.40	830.00	3 469.40
制作车间	管理人员	8 300.00	1 660.00	664.00	166.00	83.00	66.40	830.00	3 469.40
	生产工人	217 000.00	43 400.00	17 360.00	4 340.00	2 170.00	1 736.00	21 700.00	90 706.00
油漆车间	管理人员	8 300.00	1 660.00	664.00	166.00	83.00	66.40	830.00	3 469.40
	生产工人	49 000.00	9 800.00	3 920.00	980.00	490.00	392.00	4 900.00	20 482.00
合 计		364 500.00	72 900.00	29 160.00	7 290.00	3 645.00	2 916.00	36 450.00	152 361.00

制表：李明 20×2 年 1 月 31 日

我们接着根据此表填制如图 6—3 和图 6—4 所示的记账凭证，并登记相关明细账。

记 账 凭 证

记字第 46 $\frac{1}{2}$ 号

20×2 年 1 月 31 日

摘要	科目		借方金额										贷方金额										√
	总账科目	明细科目	千	百	十	万	千	百	十	元	角	分	千	百	十	万	千	百	十	元	角	分	
计提"五险一金"	管理费用	工资及附加				3	0	7	6	4	8	0											√
	销售费用	工资及附加					3	4	6	9	4	0											√
	生产成本	直接人工			1	1	1	1	8	8	0	0											√
	制造费用	制作车间-工资及附加					3	4	6	9	4	0											√
	制造费用	油漆车间-工资及附加					3	4	6	9	4	0											√
	应付职工薪酬	职工养老保险														7	2	9	0	0	0	0	√
合计				¥	1	5	2	3	6	1	0	0			¥	7	2	9	0	0	0	0	

附单据 1 张

会计主管：　　记账：李明　　出纳：　　复核：　　制单：李明

图 6—3　计提"五险一金"的记账凭证（之一）

记 账 凭 证

记字第 46 $\frac{2}{2}$ 号

20×2 年 1 月 31 日

摘要	科目		借方金额										贷方金额										√
	总账科目	明细科目	千	百	十	万	千	百	十	元	角	分	千	百	十	万	千	百	十	元	角	分	
计提"五险一金"	应付职工薪酬	职工医疗保险														2	9	1	6	0	0	0	√
	应付职工薪酬	职工失业保险															7	2	9	0	0	0	√
	应付职工薪酬	职工工伤保险															3	6	4	5	0	0	√
	应付职工薪酬	职工生育保险															2	9	1	6	0	0	√
	应付职工薪酬	职工住房公积金														3	6	4	5	0	0	0	√
合计				¥	1	5	2	3	6	1	0	0		¥	1	5	2	3	6	1	0	0	

附单据　张

会计主管：　　记账：李明　　出纳：　　复核：　　制单：李明

图 6—4　计提"五险一金"的记账凭证（之二）

相关知识与说明

一、计提与工资相关的费用

计提与工资相关的费用

工会经费和"五险一金"根据职工工资的一定比例计提，并与工资一样计入相关的成本费用中。处理计提工会经费和"五险一金"事项，应当先编制计提表，然后填制记账凭证，其会计分录为借记"生产成本——××产品——直接人工"、"制造费用——××车间——工资及附加”、“销售费用——工资及附加”和“管理费用——工资及附加”等科目，贷记“应付职工薪酬——工会经费(职工养老保险、医疗保险、失业保险、工伤保险、生育保险、住房公积金)”科目。

二、使用多张记账凭证

处理一笔经济业务事项，可能需要使用多张记账凭证，这种情况下应注意以下问题：

1. 每张记账凭证上应有相同的日期。

2. 每张记账凭证都要填写“摘要”，“摘要”可以一致，也可根据每张记账凭证的具体内容分项填写。

3. 所附单据数量在第一张记账凭证上标明即可。

4. 每张记账凭证的借方金额和贷方金额都要进行合计，前面记账凭证的合计金额应加到后面记账凭证的合计金额中。

5. 使用分数对每张记账凭证进行编号。这几张记账凭证应共用一个序列号，在其编号后使用分数。如一笔业务用了 3 张凭证，应在其编号后依次加上“1/3”、“2/3”和“3/3”。

6. 原始凭证附在最后记账凭证的后面。

7. 制单人和复核人应在每张记账凭证上签名，记账人和出纳只在相关记账凭证上签名。

8. 登记明细账时，凭证号只写序列号，不写分数。

学生练习

处理 20×2 年 1 月份工会经费和“五险一金”计提事项。

任务二　分配制造费用

制造费用是产品生产成本的组成部分，到月末，应将当月发生的制造费用全部分配计入产品生产成本。分配制造费用是会计人员每月末必做的事情，我们要主动去完成，体现工作的主动性。

我们已经对 20×2 年 1 月份的制造费用进行了归集(制造费用全部入账)，图 6—5 和图 6—6 分别是 20×2 年 1 月份制作车间和油漆车间的制造费用明细账(账簿右半部分没有数据，略去)。

制造费用 明细分类账

生产车间：制作车间

20×2年 月	日	凭证 字	号	摘要	借方	（借）方金额分析 办公费	电费	工资及附加	固定资产折旧
1	14	记	15	领用办公用品	20.00	20.00			
	26	记	34	付电费	11058.00		11058.00		
	26	记	35	付电信费	119.20	119.20			
	27	记	37	分配职工中餐费	400.00			400.00	
	31	记	42	计提固定资产折旧	16320.00				16320.00
	31	记	44	分配本月工资	8300.00			8300.00	
	31	记	45	计提工会经费	166.00			166.00	
	31	记	46	计提“五险一金”	3469.40			3469.40	

图6-5 制作车间制造费用账簿记录

制造费用 明细分类账

生产车间：油漆车间

20×2年 月	日	凭证 字	号	摘要	借方	（借）方金额分析 办公费	电费	工资及附加	固定资产折旧
1	14	记	15	领用办公用品	20.00	20.00			
	26	记	34	付电费	5428.50		5428.50		
	26	记	35	付电信费	116.00	116.00			
	27	记	37	分配职工中餐费	400.00			400.00	
	31	记	42	计提固定资产折旧	6240.00				6240.00
	31	记	44	分配本月工资	8300.00			8300.00	
	31	记	45	计提工会经费	166.00			166.00	
	31	记	46	计提“五险一金”	3469.40			3469.40	

图6-6 油漆车间制造费用账簿记录

我们可将当月发生的制造费用进行汇总，编制如表 6—4 所示的制造费用分配表。

表 6—4　　20×2 年 1 月制造费用分配表

武汉楚风家具有限公司

制造费用分配表

20×2 年 1 月

车　间	制造费用额(元)	分配对象	分配比例(%)	分配金额(元)
制作车间	39 852.60	桌椅	100	39 852.60
油漆车间	24 139.90	桌椅	100	24 139.90

制表：李明　　　　20×2 年 1 月 31 日

然后，我们根据制造费用分配表填制如图 6—7 所示的记账凭证，并登记相关明细账。

记　账　凭　证　　记字第 47 号

20×2 年 1 月 31 日

摘　要	科目：总账科目	科目：明细科目	借方金额	贷方金额	√
分配制造费用	生产成本	制造费用	6399250		√
	制造费用	制作车间		3985260	√
	制造费用	油漆车间		2413990	√
合　计			¥6399250	¥6399250	

附单据 1 张

会计主管：　记账：李明　出纳：　复核：　制单：李明

图 6—7　分配制造费用的记账凭证

相关知识与说明

一、制造费用分配

处理分配制造费用事项应当先编制制造费用分配表，然后填制记账凭证，其会计分录为借记“生产成本——××产品——制造费用”科目，贷记“制造费用——××车间”科目。

制造费用是产品的间接成本，应当全部分配转入产品生产成本。制造费用必须在归集完成后进行分配。如果企业生产多种产品，制造费用需按一定的方法分配到不同产品的生产成本中；如果企业只生产一种产品，制造费用直接转入该产品生产成本。关于制造费用的分配，请查阅成本会计书籍。

制造费用分配

二、账户发生额全部结转的处理

对于制造费用和损益类账户，月末要将账户当月发生额全部结转出去。处理这种事项时填制记账凭证和登记账簿与一般业务事项不同。

(一)填制记账凭证

这种情况下填制记账凭证有两种做法，即总额法和明细法。

1. 总额法

使用总额法时，记账凭证中明细科目不列出被结转账户下的项目名称，金额用该账户总额。

例如上例分配制造费用，要结转制作车间的制造费用和油漆车间的制造费用两个账户，记账凭证上明细科目只列至车间，结转金额是该车间制造费用总额，图6—7的记账凭证就是采用总额法编制的。

2. 明细法

使用明细法时，记账凭证中明细科目需要列出被结转账户下的全部项目，金额用各项目的金额。

例如上例分配制造费用，采用明细法的会计分录为：

借：生产成本——制造费用	63 992.50	
贷：制造费用——制作车间——电费		11 058.00
——办公费		139.20
——工资及附加		12 335.40
——固定资产折旧		16 320.00
——油漆车间——电费		5 428.50
——办公费		136.00
——工资及附加		12 335.40
——固定资产折旧		6 240.00

(二)登记账簿

登记制造费用和损益类账户明细账相应地也有两种做法。

1. 总额法

多栏明细账通常只设定了一个方向，而记账凭证上是另一个方向，应当使用红字登记，表示与设定方向相反。在总额法下，总金额栏直接根据记账凭证登记，项目金额栏需要根据账簿记录汇总得出，如对于制作车间制造费用，“借方”栏根据记账凭证上的金额登记，“办公费”、“电费”、“工资及附加”和“固定资产折旧”栏则分别根据该项目本月发生额登记，结果如图6—8所示(账簿右半部分略)。

在总额法下，也可以增设对方科目栏(现有“借方”设“贷方”，现有“贷方”设“借方”)，将转出金额记在对方科目栏，不管项目金额，如图6—9所示(账簿右半部分略)。

制造费用　明细分类账

生产车间：制作车间

20×2年 月	日	凭证 字	号	摘要	借方（千百十万千百十元角分）	（借）方金额分析 办公费	电费	工资及附加	固定资产折旧
1	14	记	15	领用办公用品	2000	2000			
	26	记	34	付电费	1105800		1105800		
	26	记	35	付电信费	11920	11920			
	27	记	37	分配职工中餐费	40000			40000	
	31	记	42	计提固定资产折旧	1632000				1632000
	31	记	44	分配本月工资	830000			830000	
	31	记	45	计提工会经费	16600			16600	
	31	记	46	计提“五险一金”	346940			346940	
	31	记	47	分配制造费用	3985260	13920	1105800	1233540	1632000

图6-8　多栏明细账结转登记示例(一)

制造费用　明细分类账

20×2年 月	日	凭证 字	号	摘要	借方（千百十万千百十元角分）	贷方（千百十万千百十元角分）	（借）方金额分析 办公费	电费	工资及附加	固定资产折旧
1	14	记	15	领用办公用品	2000		2000			
	26	记	34	付电费	1105800			1105800		
	26	记	35	付电信费	11920		11920			
	27	记	37	分配职工中餐费	40000				40000	
	31	记	42	计提固定资产折旧	1632000					1632000
	31	记	44	分配本月工资	830000				830000	
	31	记	45	计提工会经费	16600				16600	
	31	记	46	计提“五险一金”	346940				346940	
	31	记	47	分配制造费用		3985260				

图6-9　多栏明细账结转登记示例(二)

2. 明细法

在明细法下，项目金额栏直接根据记账凭证登记，总金额栏需要根据账簿记录汇总得出。如对于制作车间制造费用，“办公费”、“电费”、“工资及附加”和“固定资产折旧”栏分别根据记账凭证上的金额登记，“借方”栏则根据该栏本月发生额登记，登记结果与总额法是一样的。

登记账簿后，应将本行各项目金额汇总，与本行总金额进行核对，以判断账簿登记是否有误。

制造费用和损益类账户结转可以与账户月份结账结合起来处理（参见项目九中多栏明细账的结账），这样方便一些。

学生练习

分配20×2年1月份制造费用。

任务三　处理产品完工入库业务

企业生产完工的产品要从生产车间转移到成品仓库，办理产品入库手续。相应地，完工产品成本要从生产成本转到库存商品。

20×2年1月31日，仓库保管员交来1月份产品入库单，如图6—10至图6—13所示。

武汉楚风家具有限公司

产品入库单　　CPRK010001

20×2 年 1 月 9 日

生产车间：油漆车间

产品名称	规格型号	单位	交库数量	实收数量	备注
桌椅		组	250	250	

②财务

交库人：刘阳　　收货人：张强

图6—10　产品入库单（之一）

武汉楚风家具有限公司

产 品 入 库 单　　CPRK010002

20×2 年 1 月 16 日

生产车间：油漆车间

产品名称	规格型号	单位	交库数量	实收数量	备 注
桌椅		组	250	250	

②财务

交库人：刘阳　　收货人：张毅

图 6－11　产品入库单（之二）

武汉楚风家具有限公司

产 品 入 库 单　　CPRK010003

20×2 年 1 月 23 日

生产车间：油漆车间

产品名称	规格型号	单位	交库数量	实收数量	备 注
桌椅		组	250	250	

②财务

交库人：刘阳　　收货人：张毅

图 6－12　产品入库单（之三）

武汉楚风家具有限公司

产 品 入 库 单　　CPRK010004

20×2 年 1 月 30 日

生产车间：油漆车间

产品名称	规格型号	单位	交库数量	实收数量	备 注
桌椅		组	250	250	

②财务

交库人：刘阳　　收货人：张毅

图 6－13　产品入库单（之四）

这 4 张产品入库单表明楚风公司 20×2 年 1 月份共生产出桌椅 1 000 组，由油漆车间分 4 次送交成品仓库。

处理产品完工入库业务，需要掌握产品生产情况，我们应当向生产车间索取产品生产情况报告单。20×2 年 1 月 31 日，制作车间和油漆车间分别提交了 1 月份产品生产情况报告单，如表 6—5 和表 6—6 所示。

表 6—5　　20×2 年 1 月制作车间产品生产情况报告单

武汉楚风家具有限公司

产品生产情况报告单

车间：制作车间　　20×2 年 1 月

产品名称	规格型号	单位	本月投产数量	本月完工数量	月末在产品数量	备　注
桌椅		组	1 000	1 000	0	转油漆车间

填表：李斌　　20×2 年 1 月 31 日

表 6—6　　20×2 年 1 月油漆车间产品生产情况报告单

武汉楚风家具有限公司

产品生产情况报告单

车间：油漆车间　　20×2 年 1 月

产品名称	规格型号	单位	本月投产数量	本月完工数量	月末在产品数量	备　注
桌椅		组	1 000	1 000	0	交成品仓库

填表：刘阳　　20×2 年 1 月 31 日

表 6—5 表明，制作车间 20×2 年 1 月份生产出桌椅 1 000 组，全部转到油漆车间，月末没有在产品。表 6—6 表明，油漆车间 20×2 年 1 月份生产出桌椅 1 000 组，交到成品仓库，月末没有在产品。

我们应当根据生产成本明细账汇总出产品总成本。图 6—14 是 20×2 年 1 月份生产成本账簿记录，我们汇总出产品总成本为 566 600.50 元。

生产成本 明细分类账

产品名称：桌椅

20×2年 月	日	凭证 字	号	摘要	借方	（借）方金额分析 直接材料	直接人工	制造费用	
1	4	记	2	制作车间领用材料	2304000	2304000			
	4	记	3	油漆车间领用材料	870000	870000			
	12	记	12	制作车间领用材料	1918000	1918000			
	12	记	13	油漆车间领用材料	420000	420000			
	19	记	19	制作车间领用材料	2126000	2126000			
	19	记	20	油漆车间领用材料	780000	780000			
	26	记	30	制作车间领用材料	1732000	1732000			
	26	记	31	油漆车间领用材料	300000	300000			
	27	记	37	分配职工中餐费	1560000		1560000		
	31	记	44	分配本月工资	26600000		26600000		
	31	记	45	计提工会经费	532000		532000		
	31	记	46	计提“五险一金”	11118800		11118800		
	31	记	47	分配制造费用	6399250			6399250	

图6-14 生产成本账簿记录

结合产品生产情况报告单，我们可以编制完工产品成本计算表，如表6—7所示。

表6—7　　20×2年1月完工产品成本计算表

武汉楚风家具有限公司

完工产品成本计算表

20×2年1月

完工产品总成本（元）	完工产品数量（组）	完工产品单位成本（元/组）
566 600.50	1 000	566.60

填表：李明　　　　20×2年1月31日

最后，我们根据产品入库单、产品生产情况报告单和完工产品成本计算表编制如图6—15所示的记账凭证，并登记相关明细账。

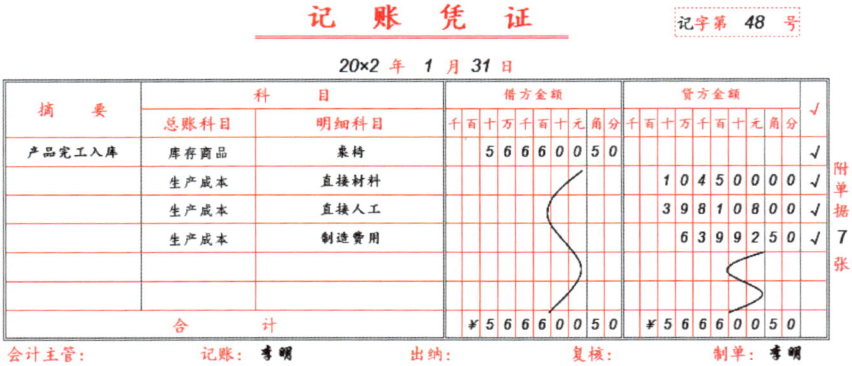
记账凭证　　记字第 48 号

20×2 年 1 月 31 日

摘要	总账科目	明细科目	借方金额	贷方金额	√
产品完工入库	库存商品	桌椅	56660050		√
	生产成本	直接材料		10450000	√
	生产成本	直接人工		39810800	√
	生产成本	制造费用		6399250	√
合计			¥56660050	¥56660050	

附单据 7 张

会计主管：　记账：李明　出纳：　复核：　制单：李明

图6—15　产品完工入库的记账凭证

相关知识与说明

一、完工产品成本计算

一个月内可能有多个批次的产品在不同时间入库，因为产品的生产成本尚未归集完成，不能及时确定入库产品的生产成本，只能将产品入库单集中在月末进行处理。

因为在产品也有生产成本，产品的生产成本应当在完工产品和在产品之间进行分配。计算完工产品成本时必须掌握月末在产品情况，须从生产车间取得产品生产情况报告单，否则无法计算完工产品成本。楚风公司月末没有在产品，当月发生的生产成本就是完工产品成本。

二、处理产品完工入库业务

处理产品完工入库业务应当先编制完工产品成本计算表，然后填制记账凭证，其会计分录为借记“库存商品——××产品”科目，贷记“生产成本——××产品——直接材料”、“生产成本——××产品——直接人工”和“生产成本——××产品——制造费用”科目。

处理产品完工入库业务

“库存商品”科目核算企业库存的各种产品或商品的成本，应分产品或商品甚至规格型号设置明细科目。产品入库记在该科目借方，产品出库记在该科目贷方，期末借方余额反映企业库存商品的生产成本。登记库存商品明细账时，除了根据记账凭证登记外，还应根据所附原始凭证登记库存商品的数量和单价(单位成本)。

学生练习

处理 20×2 年 1 月份产品完工入库业务。

任务四　处理产品出库(销售)业务

企业销售产品，一方面取得销售收入，另一方面要发生销售成本。销售成本需根据产品出库单和账簿记录按照一定的方法确定。

20×2 年 1 月 31 日，仓库保管员张强交来 1 月份产品出库单，分别如图 6—16 至图 6—21 所示。

武汉楚风家具有限公司

产 品 出 库 单　　CPCK002001

20×2 年 1 月 5 日

发往单位：汉口家具商场

产品名称	规格型号	单位	提货数量	实发数量	备 注
桌椅		组	200	200	

②财务

提货人：王标　　发货人：张强

图 6—16　产品出库单(之一)

武汉楚风家具有限公司

产品出库单　　CPCK002002

20×2 年 1 月 6 日

发往单位：汉阳家具商场

产品名称	规格型号	单位	提货数量	实发数量	备 注
桌椅		组	150	150	

②财务

提货人：王拓　　发货人：张强

图 6—17　产品出库单(之二)

武汉楚风家具有限公司

产品出库单　　CPCK002003

20×2 年 1 月 7 日

发往单位：武昌家具商场

产品名称	规格型号	单位	提货数量	实发数量	备 注
桌椅		组	200	200	

②财务

提货人：王拓　　发货人：张强

图 6—18　产品出库单(之三)

武汉楚风家具有限公司

产品出库单　　CPCK002004

20×2 年 1 月 20 日

发往单位：汉口家具商场

产品名称	规格型号	单位	提货数量	实发数量	备 注
桌椅		组	200	200	

②财务

提货人：王拓　　发货人：张强

图 6—19　产品出库单(之四)

武汉楚风家具有限公司

产 品 出 库 单　　CPCK002005

20×2 年 1 月 21 日

发往单位：汉阳家具商场

产品名称	规格型号	单位	提货数量	实发数量	备 注
桌椅		组	150	150	

②财务

提货人：王拓　　　　发货人：张强

图 6—20　产品出库单(之五)

武汉楚风家具有限公司

产 品 出 库 单　　CPCK002006

20×2 年 1 月 23 日

发往单位：武昌家具商场

产品名称	规格型号	单位	提货数量	实发数量	备 注
桌椅		组	200	200	

②财务

提货人：王拓　　　　发货人：张强

图 6—21　产品出库单(之六)

这些产品出库单表明，楚风公司在 20×2 年 1 月份分 6 次向不同的单位销售桌椅，总数量为 1 100 组。我们需要计算出 1 月份产品销售成本。图 6—22 是 20×2 年 1 月份库存商品账簿记录。

库存商品明细分类账　　总页　分页

最高存量　　　　编号

最低存量　　存储地点 成品仓库　　规格　　类别　　计量单位 组　　品名 桌椅

20×2 年		凭证		摘要	借方			贷方			余额		
月	日	字	号		数量	单价	金额	数量	单价	金额	数量	单价	金额
				上年结转							1200	542.50	651000.00
1	31	记	48	产品完工入库	1000	566.60	566600.50						

图 6—22　库存商品账簿记录

我们根据库存商品明细账采取加权平均法确定产品单位成本，从而计算出产品销售成本，如表 6—8 所示。

表 6—8　　20×2 年 1 月产品销售成本计算表

武汉楚风家具有限公司

产品销售成本计算表

20×2 年 1 月

月初结存产品总成本（元）	本月入库产品总成本（元）	月初结存产品数量（组）	本月入库产品数量（组）	产品平均单位成本（元/组）	本月销售产品数量（组）	本月销售产品成本（元）
651 000.00	566 600.50	1 200	1 000	553.45	1 100	608 795.00

制表：李明　　20×2 年 1 月 31 日

最后，我们根据产品出库单和产品销售成本计算表编制如图 6—23 所示的记账凭证，并登记相关明细账。

记　账　凭　证　　记字第 49 号

20×2 年 1 月 31 日

摘要	总账科目	明细科目	借方金额（千百十万千百十元角分）	贷方金额（千百十万千百十元角分）	√
销售产品	主营业务成本		60879500		√
	库存商品	桌椅		60879500	√
合计			¥60879500	¥60879500	

附单据 7 张

会计主管：　记账：李明　出纳：　复核：　制单：李明

图 6—23　产品出库的记账凭证

相关知识与说明

一、发出产品成本的计算

发出产品成本的计算有不同的方法，楚风公司采用月末一次加权平均法，其有关计算公式为：

$$\text{产品平均单位成本}=\frac{\text{月初结存产品总成本}+\text{本月入库产品总成本}}{\text{月初结存产品数量}+\text{本月入库产品数量}}$$

有关发出存货成本的计算方法，请查阅财务会计书籍。

二、产品出库业务的会计处理

产品销售业务涉及两笔业务，一是取得收入，二是产品出库。在写摘要时，可将前者写作"销售产品"，而将后者写作"产品出库"或"结转已销产品成本"，以示区别。

一个月内可能有多个批次的产品在不同时间出库，出库产品的成本有不同计算方法，有的批次出库产品成本可以及时确定，有的批次则不能及时确定，所以，通常将产品出库单集中在月末进行处理。

处理产品出库（销售）业务

处理产品出库业务应根据产品出库单和账簿记录编制产品销售成本计算表，然后填制记账凭证，其会计分录为借记"主营业务成本——××产品"科目，贷记"库存商品——××产品"科目。

"主营业务成本"科目核算企业销售商品或提供劳务的成本，一般应分产品或劳务类别设置明细科目，并与主营业务收入保持一致，以便配比。销售商品或提供劳务的成本记在该科目借方，转出记在该科目贷方，该科目期末没有余额。

登记库存商品明细账时，除了根据记账凭证登记外，还应根据所附原始凭证登记库存商品的数量和单价(单位成本)。

学生练习

处理 20×2 年 1 月份产品出库业务。

任务五　计提应交税费

企业在缴纳增值税的同时还要缴纳附加税费，如果有所得，还应缴纳企业所得税。附加税费和企业所得税都应在当期计提。

我们应当树立纳税观念，依法监督企业履行纳税义务，为国家各级机构运行提供财力支持，为国家科学教育文化卫生等事业发展和经济建设聚集财富。

一、计提附加税费

楚风公司应当缴纳的附加税费有城市维护建设税、教育费附加和地方教育附加，这些税费根据当月增值税应纳税额计算。

图 6—24 和图 6—25 是 20×2 年 1 月份增值税账簿记录。

应交税费（增值税）明细分类账

20×2年 月	日	凭证 字	号	摘要	借方 合计（千百十万千百十元角分）	借方 进项税额	借方 已交税金	借方 销项税额抵减	借方 减免税款
				上年结转					
1	4	记	1	购螺钉	65000	65000			
	5	记	5	销售桌椅					
	6	记	7	销售桌椅					
	7	记	9	销售桌椅					
	8	记	10	购原木	482976	482976			
	13	记	14	缴纳税费	14690000		14690000		
	20	记	21	张开新报销差旅费	23879	23879			
	20	记	22	购原木	452920	452920			
	20	记	24	销售桌椅					
	21	记	26	销售桌椅					
	22	记	27	购腻子油漆	195000	195000			
	23	记	29	销售桌椅					
	26	记	32	赵伟报销差旅费	15974	15974			
	26	记	33	付水费	1981	1981			
	26	记	34	付电费	261378	261378			
	26	记	35	付电信费	22074	22074			
	28	记	38	购包装材料	97500	97500			
				过次页					

图6-24　增值税账簿记录（左半部分）

第　页

贷方：出口抵减内销产品应纳税额（千百十万千百十元角分）	贷方：合计（千百十万千百十元角分）	贷方：销项税额（千百十万千百十元角分）	贷方：出口退税（千百十万千百十元角分）	贷方：进项税额转出（千百十万千百十元角分）	借或贷	余额（千百十万千百十元角分）
					贷	14690000
	2600000	2600000				
	1950000	1950000				
	2600000	2600000				
	2600000	2600000				
	1950000	1950000				
	2600000	2600000				

图6-25　增值税账簿记录(右半部分)

根据增值税账簿记录，我们可以计算出 1 月份月增值税销项税额为 143 000.00 元，进项税额为 16 186.82 元，应纳税额为 126 813.18 元，然后计算出附加税费，编制表 6—9 所示的附加税费计提表。

表 6—9　　20×2 年 1 月附加税费计提表

武汉楚风家具有限公司

附加税费计提表

20×2 年 1 月

税费名称	计税(费)依据	计税(费)金额	税(费)率(%)	税(费)额(元)
城市维护建设税	增值税额	126 813.18	7	8 876.92
教育费附加	增值税额	126 813.18	3	3 804.40
地方教育附加	增值税额	126 813.18	2	2 536.26
合　计		—	—	15 217.58

制表：李明　　　　20×2 年 1 月 31 日

我们再根据这张表编制如图 6—26 所示的记账凭证，并登记相关明细账。

记　账　凭　证　　记字第 50 号

20×2 年 1 月 31 日

摘要	总账科目	明细科目	借方金额（千百十万千百十元角分）	贷方金额（千百十万千百十元角分）	√
计提附加税（费）	税金及附加		1 5 2 1 7 5 8		√
	应交税费	应交城市维护建设税		8 8 7 6 9 2	√
	应交税费	应交教育费附加		3 8 0 4 4 0	√
	应交税费	应交地方教育附加		2 5 3 6 2 6	√
合　计			¥ 1 5 2 1 7 5 8	¥ 1 5 2 1 7 5 8	

附单据 1 张

会计主管：　　记账：李明　　出纳：　　复核：　　制单：李明

图 6—26　计提附加税(费)的记账凭证

相关知识与说明

一、附加税费

城市维护建设税、教育费附加和地方教育附加都属于附加税费。附加税费是附加在其他税收(称主税)之上的税收或费用,其计税(费)依据是主税的应纳税额。

城市维护建设税和教育费附加均以纳税人实际缴纳的增值税和消费税之和为计税(费)依据。在城市缴纳城市维护建设税,其税率为7%,教育费附加的费率(征收率)全国统一为3%。地方教育附加全国各地不尽相同,大多以增值税和消费税之和为计费依据,费率(征收率)为2%。这些税费的计算公式为:

应纳税(费)额=(增值税应纳税额+消费税应纳税额)×税(费)率

有关附加税费的计算,请查阅税收法规书籍。

二、计提附加税费

附加税费要根据增值税应纳税额计算,如果增值税账户余额是借方余额,就是该月增值税应纳税额。如果是贷方余额,该月不计提附加税费。

计提附加税费事项应当编制附加税费计提表,其会计分录一般为借记“税金及附加”科目,贷记“应交税费——应交城市维护建设税(教育费附加、地方教育附加)”科目。

“税金及附加”科目核算企业经营过程中应当缴纳的各种税费(不包括增值税和企业所得税),一般不需要设置明细科目。计提应当缴纳的各种税费记在该科目借方,转出记在该科目贷方,该科目期末没有余额。

学生练习

计提20×2年1月份附加税费。

二、计提企业所得税

一个会计年度终了,必须按照税法规定计算企业当年应当缴纳的企业所得税。我们应当先计算楚风公司20×2年企业所得税应纳税额,然后进行账务处理。

(一)企业所得税计算

我们应按以下步骤计算企业所得税。

1. 计算本年度利润总额

我们用年度总收入减去年度总费用即得当年利润总额。楚风公司20×2年度收入只有主营业务收入,费用有主营业务成本、税金及附加、销售费用、管理费用和财务费用,我们可根据账簿记录计算出20×2年度利润总额。

2. 计算调整金额

楚风公司有 3 个需要调整的项目，一是业务招待费，二是固定资产折旧，三是以前年度亏损。

(1)业务招待费。按照税法规定，业务招待费只能按实际发生额的 60%扣除，并且不超过全年营业收入的 5‰。楚风公司 20×2 年业务招待费实际发生额为 2 240.00 元，全年营业收入为 3 450 000.00 元。业务招待费实际发生额的 60%为 1 344.00 元，全年营业收入的 5‰为 17 250.00 元，因此，业务招待费可扣除 1 344.00 元，剩余 896.00 元不能扣除，相应调增年度利润。

(2)固定资产折旧。楚风公司对固定资产分类折旧，其中运输工具(货车)和电子设备(计算机)没有使用税法要求的方法计提折旧。我们可将会计实际提取的折旧与按税法规定应提取的折旧进行对比，编制固定资产折旧调整表，如表 6—10 所示。

表 6—10　　20×2 年度固定资产折旧调整表

武汉楚风家具有限公司

固定资产折旧调整表

20×2 年度　　单位:元

月　份	项　目	运输工具	电子设备	合　计
1 月份	会计实提	1 171.88	480.00	1651.88
	税法应提	2 000.00	480.00	2 480.00
	差　额	—828.12	0.00	—828.12
2 月份	会计实提	878.91	240.00	1 118.91
	税法应提	2 000.00	480.00	2 480.00
	差　额	—1 121.09	—240.00	—1 361.09
12 月份	会计实提	878.91	240.00	1 118.91
	税法应提	2 000.00	480.00	2 480.00
	差　额	—1 121.09	—240.00	—1 361.09
调整金额		—3 070.30	—480.00	—3 550.30

制表:李明　　20×2 年 12 月 31 日

各月差额之和即为年度应调整金额，负数表示应当调减。因此，楚风公司 20×2 年固定资产折旧比税法规定少提 3 550.30 元，相应调减年度利润。

(3)以前年度亏损。楚风公司经主管税务机关认定的以前年度可弥补亏损为 338 074.98 元，相应调减年度利润。

3. 计算应纳税所得额和应纳税额

我们用年度利润总额加上调增金额,减去调减金额,即得应纳税所得额,然后乘以适用税率得到应纳税额。我们将数据填入表6—11(请学生自己补充完整)。

表6—11 企业所得税计算表

武汉楚风家具有限公司

企业所得税计算表

20×2年度

年度利润总额(元)	调增金额(元)	调减金额(元)	应纳税所得额(元)	税率	应纳税额(元)

制表:李明 20×2年12月31日

(二)账务处理

我们根据企业所得税计算表编制记账凭证,其会计分录为:

借:所得税费用

贷:应交税费——应交所得税

我们还要根据这张记账凭证登记相关明细账。

相关知识与说明

一、企业所得税

企业所得税是就企业生产经营所得和其他所得征税,企业有所得才缴纳企业所得税,没有所得不缴纳企业所得税。

企业所得税以应纳税所得额为计税依据。实际工作中根据税法与会计的差异通过对利润总额调整得到应纳税所得额。

企业所得税有关计算公式为:

应纳税所得额=年度利润总额+调增金额-调减金额

应纳税额=应纳税所得额×税率

企业所得税实行按年计算,分月或分季预缴,年终汇算清缴,多退少补的征收办法。关于企业所得税的计算,请查阅税收法规书籍。

二、计提企业所得税

计提企业所得税按照权责发生制原则和税法规定只在年末进行一次(平时只预缴企业

所得税),如果没有所得则不进行。计提企业所得税事项应编制企业所得税计算表。计提企业所得税时,借记“所得税费用”科目,贷记“应交税费——应交所得税”科目。

“所得税费用”科目核算企业应当作为一项费用列支的企业所得税,没有明细科目。计提企业所得税记在该科目借方,转入“本年利润”时记在贷方。该科目属于损益类科目,期末没有余额。

企业所得税核算方法有应付税款法和资产负债表债务法两种,《企业会计准则》要求采用资产负债表债务法。本教材对企业所得税核算进行简化处理,假定楚风公司只有前述3个需要调整的项目,这样不管采用哪种方法都是一样的。有关企业所得税核算方法,请查阅财务会计或纳税会计书籍。

任务六　结转损益

每个月份终了时,都应当将损益类账户的发生额结转到本年利润账户中,以反映企业当月和本年到目前为止的经营成果。我们应发挥工作主动性,及时结转损益。

一、结转收入

图6—27是20×2年1月份主营业务收入账簿记录,我们汇总出1月份主营业务收入为1 100 000.00元。

主营业务收入 明细

20×2年		凭证		摘要	贷方																					
月	日	字	号		千	百	十	万	千	百	十	元	角	分	千	百	十	万	千	百	十	元	角	分	千	百
1	5	记	5	销售桌椅			2	0	0	0	0	0	0	0												
	6	记	7	销售桌椅			1	5	0	0	0	0	0	0												
	7	记	9	销售桌椅			2	0	0	0	0	0	0	0												
	20	记	24	销售桌椅			2	0	0	0	0	0	0	0												
	21	记	26	销售桌椅			1	5	0	0	0	0	0	0												
	23	记	29	销售桌椅			2	0	0	0	0	0	0	0												

图6—27　主营业务收入账簿记录

我们应编制如图 6—28 所示的记账凭证，将主营业务收入结转到本年利润中，并登记相关明细账。

记　账　凭　证　　　　记字第 51 号

20×2 年 1 月 31 日

摘　要	科　目		借方金额										贷方金额										√
	总账科目	明细科目	千	百	十	万	千	百	十	元	角	分	千	百	十	万	千	百	十	元	角	分	
结转主营业务收入	主营业务收入			1	1	0	0	0	0	0	0	0											√
	本年利润													1	1	0	0	0	0	0	0	0	√
合　计			¥	1	1	0	0	0	0	0	0	0	¥	1	1	0	0	0	0	0	0	0	

附单据　张

会计主管：　　记账：李明　　出纳：　　复核：　　制单：李明

图 6—28　结转主营业务收入的记账凭证

学生练习

结转 20×2 年 1 月份收入。

二、结转成本费用

与主营业务收入相似，我们可以根据账簿记录汇总出主营业务成本、税金及附加、销售费用和管理费用 1 月份的发生额，然后编制如图 6—29 所示的记账凭证，将各项成本费用结转到本年利润中，并登记相关明细账。

学生练习

结转 20×2 年 1 月份成本费用。

记 账 凭 证　　记字第 52 号

20×2 年 1 月 31 日

摘要	科目		借方金额										贷方金额										√
	总账科目	明细科目	千	百	十	万	千	百	十	元	角	分	千	百	十	万	千	百	十	元	角	分	
结转成本费用	本年利润				7	8	7	5	6	4	3	6											√
	主营业务成本														6	0	8	7	9	5	0	0	√
	税金及附加															1	5	2	1	7	5	8	√
	销售费用															1	3	9	5	5	9	5	√
	管理费用														1	4	9	5	9	5	8	3	√
合计				¥	7	8	7	5	6	4	3	6		¥	7	8	7	5	6	4	3	6	

附单据　张

会计主管：　记账：李明　出纳：　复核：　制单：李明

图 6—29　结转成本费用的记账凭证

相关知识与说明

一、损益结转方法

损益结转方法有账结法和表结法两种。账结法是每月末填制记账凭证将全部损益类账户的发生额结转到本年利润账户中，以反映企业当年到目前为止的经营成果；表结法只在年末将全部损益类账户的发生额结转到本年利润账户中，平时只在会计报表中反映企业当年到目前为止的经营成果。账结法下损益类账户月末没有余额，表结法下损益类账户月末有余额，年末没有余额。我国一般使用账结法。

结转损益可以将收入和成本费用分开结转，也可以按收入与成本费用相抵后的净额结转。前一种做法分别填制记账凭证结转收入和成本费用，后一种做法在同一张记账凭证上结转收入和成本费用。使用前一种做法能在本年利润账簿上清楚反映企业经营情况。

结转损益

结转收入时，借记“主营业务收入”等科目，贷记“本年利润”科目；结转成本费用时，借记“本年利润”科目，贷记“主营业务成本”、“税金及附加”、“销售费用”和“管理费用”等科目。

结转损益直接根据账簿记录进行，不附原始凭证。

二、财务费用的结转

财务费用的结转与其他损益类账户有所不同。采用总额法结转时,财务费用应按当月借方发生额与贷方发生额(红字)之差结转。如果借方发生额大于贷方发生额(为净支出),与其他费用一同结转,借记“本年利润”科目,贷记“财务费用”科目;如果借方发生额小于贷方发生额(为净收入),则与收入一同结转,借记“财务费用”科目,贷记“本年利润”科目。采用明细法结转时,财务费用应按各项目借方发生额与贷方发生额(红字)之差结转。

在总额法下登记财务费用明细账时,“借方”金额直接根据记账凭证登记,项目金额用相反颜色的笔登记该项目本月发生额。在明细法下登记财务费用明细账时,项目金额根据记账凭证登记,“借方”金额用相反颜色的笔登记本月发生额(如果发生额中有黑字和红字,黑字金额大于红字金额时用红字登记,反之用黑字登记)。

三、本年利润

“本年利润”科目核算企业本年度到目前为止的利润或亏损,一般不设明细科目,转入的收入记在该科目贷方,转入的成本费用记在该科目借方。该科目平时有余额,年末要转入“利润分配”科目,结转后没有余额。平时贷方余额反映企业当年到目前为止取得的利润,平时借方余额反映企业当年到目前为止的亏损。

任务七 结转本年利润

到年末,应将本年利润结转到利润分配账户中。年末和年初是会计人员最为忙碌的时候,我们要本着对工作认真负责的态度,不怕辛苦,尽快完成各项工作。

我们应先计算出本年利润账户结转前的余额(计算方法参见项目九中关于账户余额计算说明),然后填制结转本年利润的记账凭证。结转本年利润的会计分录为:

借:本年利润

　　贷:利润分配——未分配利润

相关知识与说明

一、本年利润的结转

本年利润的结转在年末进行，当本年利润账户结转前的余额在贷方时，借记“本年利润”科目，贷记“利润分配——未分配利润”科目；当本年利润账户结转前的余额在借方时，借记“利润分配——未分配利润”科目，贷记“本年利润”科目。

结转本年利润直接根据账簿记录进行，不附原始凭证。

二、利润分配

“利润分配”科目核算企业利润的分配或亏损的弥补，反映历年分配(或亏损弥补)后的余额，企业应当根据自身情况设置多个明细科目，“未分配利润”明细科目是必不可少的。利润分配明细科目中只有“未分配利润”期末有余额，其借方余额反映企业到目前为止的亏损，贷方余额反映企业目前结余的未分配利润。

关于利润分配的核算，请查阅财务会计书籍。

三、期末业务事项的处理

期末业务事项必须按上述顺序进行处理，不得颠倒。期末业务事项除了前面提及的业务事项之外，还可能有其他的事项。

期末业务事项应当在当月最后一个工作日处理。如果当月最后一个工作日是节假日，为不至误会遗漏经济业务，可将记账凭证的日期写成当月最后日期。有时当月(年)来不及处理而在下月(年)继续处理期末业务事项，记账凭证的日期仍应写成当月(年)最后日期。

项目七

编制科目汇总表并登记总账

学习目标：

1. 能熟练编制科目汇总表，正确登记总账。

2. 掌握科目汇总表的编制方法和总账的登记方法，熟悉科目汇总表核算形式，了解其他会计核算形式。

3. 培养爱岗敬业的精神，工作要有耐心。

任务清单

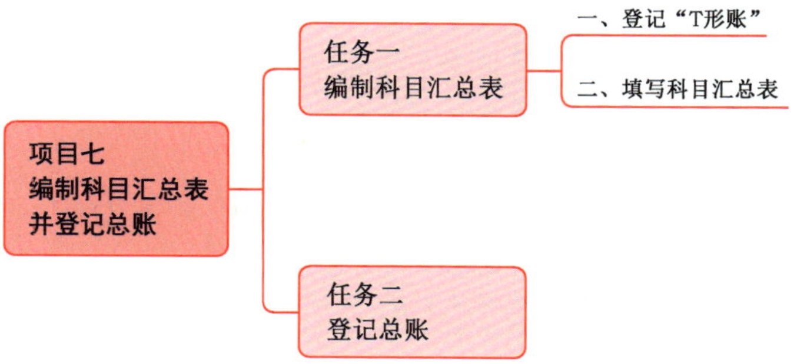

任务一　编制科目汇总表

编制科目汇总表时，通常要先登记“T 形账”，汇总出各总账科目的发生额，然后填写科目汇总表。

我们根据 20×2 年 1 月份第 1 号至第 25 号记账凭证编制科目汇总表。

一、登记“T 形账”

我们首先将 20×2 年 1 月份第 1 号至第 25 号记账凭证涉及的总账科目都画出“T 形账”(在此选择“银行存款”、“原材料”、“应交税费”和“管理费用”列示),然后将记账凭证上的金额抄到“T 形账”上,再画上一条横线,最后进行汇总,得到每个总账科目的发生额,并写在同一方横线下,如图 7—1 所示(图中带“#”的数字为凭证号)。

银行存款

4#	339000.00	6#	293485.00
17#	1000000.00	8#	156006.00
25#	200000.00	11#	40906.00
		14#	164528.00
		15#	360.00
		16#	80330.00
		18#	380.00
		21#	6091.00
		23#	41981.76
	1539000.00		784067.76

(1)银行存款

原材料

1#	5000.00	2#	23040.00
10#	37152.00	3#	8700.00
22#	34840.00	12#	19180.00
		13#	4200.00
		19#	21260.00
		20#	7800.00
	76992.00		84180.00

(2)原材料

应交税费

1#	650.00	5#	26000.00
10#	4829.76	7#	19500.00
14#	164528.00	9#	26000.00
21#	238.79	24#	26000.00
22#	4529.20		
	174775.75		97500.00

(3)应交税费

管理费用

15#	220.00		
18#	380.00		
21#	3852.21		
21#	2000.00		
	6452.21		

(4)管理费用

图 7—1 “T 形账”

相关知识与说明

登记“T 形账”时,应按照记账凭证顺序依次画出所涉及的每个总账账户的“T 形账”,将记账凭证上每个科目对应的金额抄到相应的“T 形账”中。如果一张记账凭证中某个科目有多行记录,可用它们的合计金额,如第 2 号凭证中的“原材料”、第 14 号凭证中的“应交税费”,通常就是另一方的金额。

登记“T 形账”时不需要写上凭证号,写上凭证号是为了方便检查。每个科目的合计金额与登记金额要用横线分开。

学生练习

将20×2年1月份第1号至第25号记账凭证作为一组，第25号之后的记账凭证作为另一组，分别登记“T形账”。

二、填写科目汇总表

科目汇总表可以从市场上购买，也可自己打印。我们应在科目汇总表上写上编制日期（在此以第25号记账凭证日期为科目汇总表编制日期），填写记账凭证起止号码，将这张科目汇总表编为“汇字第1号”，在科目栏写上记账凭证中的所有总账科目，然后把所有“T形账”的合计金额填进去，计算出借方金额和贷方金额合计，注销空白行，最后在制表人处签上自己的名字，如图7—2所示。

武汉楚风家具有限公司

科 目 汇 总 表

20×2 年 1 月 21 日

记账凭证自第1号至第25号共25张　　　　汇字第1号

科　目	借方金额	贷方金额	记账
银行存款	1,539,000.00	784,067.76	
应收账款	621,500.00	1,339,000.00	
预付账款		5,650.00	
原材料	76,992.00	84,180.00	
应付账款	82,887.76	81,350.96	
预收账款	226,000.00	200,000.00	
应付职工薪酬	607,836.00	78,015.00	
应交税费	174,775.75	97,500.00	
生产成本	84,180.00		
制造费用	40.00		
主营业务收入		750,000.00	
销售费用	100.00		
管理费用	6,452.21		
合　计	¥3,419,763.72	¥3,419,763.72	

制表人：李明

图7—2　科目汇总表

编制科目汇总表的过程并不复杂，但工作量较大，简单重复，枯燥乏味，我们要以爱岗敬业的精神，不厌其烦地把工作做好。

相关知识与说明

一、科目汇总表的概念和作用

科目汇总表亦称“记账凭证汇总表”，是对一段时间的记账凭证进行汇总，按各个总账科目列示其借方发生额和贷方发生额，并作为总分类账登记依据的一种汇总凭证。

科目汇总表依据借贷记账法的基本原理设计，具有试算平衡的作用，即：

一定时期内所有总账科目的借方发生额合计＝同一时期所有总账科目的贷方发生额合计

由此还可以得出下面试算平衡公式：

所有总账科目的借方余额合计＝所有总账科目的贷方余额合计

以上两个公式为借贷记账法的试算平衡公式。

科目汇总表中借方金额合计与贷方金额合计应当相等，否则记账凭证有问题或者科目汇总表编制错误。

二、科目汇总表的编制

一张科目汇总表对应一本记账凭证，因此，科目汇总表应根据凭证的数量编制，当凭证达到一定数量（厚度）可以装订成本时，应当编制科目汇总表。会计人员应当对当月凭证数量进行合理估计，使得每本凭证厚度适当。

科目汇总表不应按照固定的时间周期编制，因为不同企业的经济业务有多有少，同一企业不同月份的经济业务也有多有少，如果按照固定的时间周期编制，可能会出现有时凭证过多，无法装订成一本，有时凭证过少，装订成本很难看。

科目汇总表的日期为编制日期，一般为最后一张记账凭证的日期，记账凭证起止号为科目汇总表对应记账凭证的首尾号，凭证张数填号数。科目汇总表按年编号。

学生练习

承前，分别编制两组记账凭证的科目汇总表。

任务二　登记总账

当记账凭证达到一定数量时，应当编制科目汇总表，并根据科目汇总表登记总账。登记总账的方法与登记三栏明细账相似，只不过登记账簿的依据不同。

我们应将科目汇总表中的每一个总账科目在对应的总账账户中进行登记。比如“银行存款”，我们已在总账账簿中开设了“银行存款”账户，我们把科目汇总表的日期抄到总账上，凭证字号为科目汇总表的字号，摘要写成“记账凭证第 1 号至第 25 号汇总”(可简写为“第 1 号至第 25 号”或“1＃～25＃”)，把科目汇总表上的金额抄到账簿对应金额栏，如图 7—3 所示。

总 分 类 账　　第1号

科目：银行存款

20×2年		凭证		摘要	借方										贷方										借或贷	余额										核对
月	日	字	号		千	百	十	万	千	百	十	元	角	分	千	百	十	万	千	百	十	元	角	分		千	百	十	万	千	百	十	元	角	分	
				上年结转																					借		2	7	5	6	3	7	9	4	9	
1	21	汇	1	记账凭证第1号至第25号汇总		1	5	3	9	0	0	0	0	0			7	8	4	0	6	7	7	6												

图 7—3　总账登记

登记总账时，会发现科目汇总表上有的账户先前没有在总账中设置，这时先行设置该账户，然后进行登记，比如“销售费用”，如图 7—4 所示。

总 分 类 账　　第47号

科目：销售费用

20×2年		凭证		摘要	借方										贷方										借或贷	余额										核对
月	日	字	号		千	百	十	万	千	百	十	元	角	分	千	百	十	万	千	百	十	元	角	分		千	百	十	万	千	百	十	元	角	分	
1	21	汇	1	记账凭证第1号至第25号汇总						1	0	0	0	0																						

图 7—4　“销售费用”总账登记

一个科目登记后应当立即在科目汇总表上对应的记账栏打“√”，表示该科目已登记入账。

登记总账也是一项简单重复的工作，我们一定要有耐心。

学生练习

承前，登记20×2年1月份总账。

相关知识与说明

一、总账登记

总账是根据总分类科目开设账户，用来登记全部经济业务，进行总分类核算，提供总括核算资料的分类账簿。总账是明细账和日记账的概括，对明细账和日记账有着统驭和控制作用，在账簿体系中居于核心地位。

登记总账应遵守账簿登记规则（参见项目五中"账簿登记规则"），按记账依据的时间顺序进行登记，对未设置的总账账户登记时予以设置。

登记总账

在不同会计核算形式下，登记总账的依据不同。楚风公司采用科目汇总表核算形式，根据科目汇总表登记总账。

二、会计核算形式

会计核算形式也称账务处理程序，是指会计凭证、会计账簿、会计报表、记账程序和方法相互结合的方式。会计核算形式一般分为记账凭证核算形式、科目汇总表核算形式和汇总记账凭证核算形式三种，三者的区别在于登记总账的依据不同。

会计核算形式

（一）记账凭证核算形式

1. 记账凭证核算形式的操作方法

记账凭证核算形式直接根据记账凭证登记总账，登记方法与三栏明细账相同。例如对于20×2年1月份第1号记账凭证中的"原材料"，按图7—5进行登记。

在记账凭证核算形式下，总账与明细账应平行登记，两者登记依据相同，方向一致，金额相等。总账可反映每一笔经济业务事项涉及的账户、方向和金额。

2. 记账凭证核算形式的优缺点

记账凭证核算形式的优点是总账登记详细、具体，便于查账、对账，缺点是总账登记的工作量大，不便于会计人员分工。记账凭证核算形式适用于规模小，经济业务较少，记账凭证

总 分 类 账　　　　第11号

科目：原材料

20×2年 月	日	凭证 字	号	摘　要	借方	贷方	借或贷	余额	核对
				上年结转			借	9550000	
1	4	记	1	购螺钉	500000				

图 7—5　记账凭证核算形式下总账登记示例

不多的企业。

（二）科目汇总表核算形式

1. 科目汇总表核算形式的操作方法

科目汇总表核算形式需要先根据记账凭证编制科目汇总表，然后根据科目汇总表登记总账。科目汇总表核算形式的步骤如下：

（1）会计根据原始凭证或原始凭证汇总表填制记账凭证（或收款凭证、付款凭证和转账凭证）。

（2）会计根据记账凭证（或收款凭证、付款凭证和转账凭证）和原始凭证或原始凭证汇总表登记数量金额明细账，根据记账凭证（或收款凭证、付款凭证和转账凭证）登记其他明细账；出纳根据记账凭证（或收款凭证和付款凭证）登记日记账，银行存款日记账有时还需根据原始凭证登记。

（3）会计根据记账凭证（或收款凭证、付款凭证和转账凭证）编制科目汇总表。

（4）会计根据科目汇总表登记总账。

（5）会计核对总账和明细账，会计和出纳将总账与日记账进行核对。

（6）会计根据总账和明细账编制会计报表。

科目汇总表核算形式流程如图 7—6 所示。

2. 科目汇总表核算形式的优缺点

科目汇总表核算形式的优点是减轻总账登记工作，便于分工，能通过科目汇总表进行试算平衡；缺点是不能反映账户的对应关系，不便于查账、对账。科目汇总表核算形式是运用得最广的核算形式，各类企业都可采用。

（三）汇总记账凭证核算形式

1. 汇总记账凭证核算形式的操作方法

汇总记账凭证核算形式需要先根据记账凭证编制汇总记账凭证（或汇总收款凭证、汇总付款凭证和汇总转账凭证），然后根据汇总记账凭证（或汇总收

汇总记账凭证核算形式

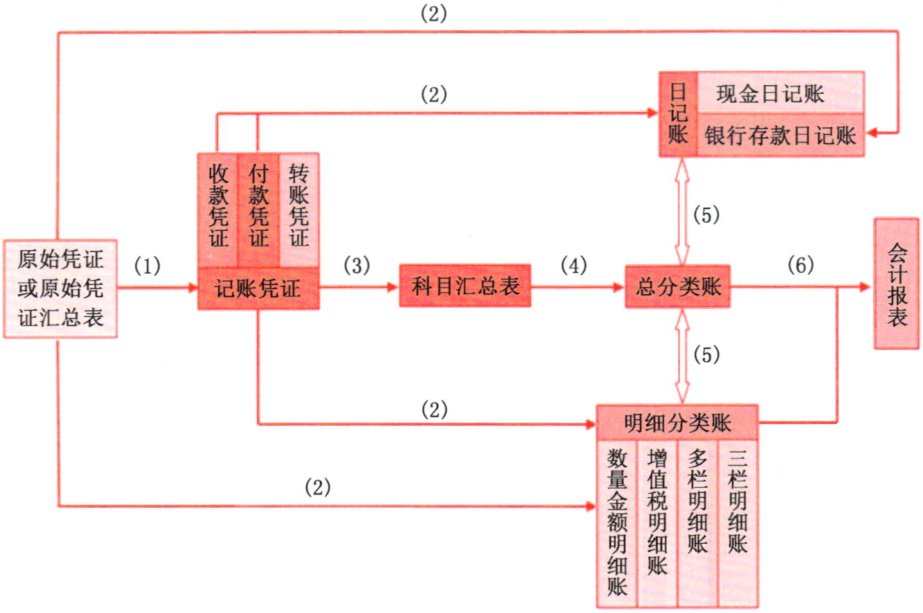

图 7—6　科目汇总表核算形式流程

款凭证、汇总付款凭证和汇总转账凭证)登记总账。用汇总记账凭证(或汇总收款凭证、汇总付款凭证和汇总转账凭证)取代图 7—6 中的科目汇总表。

2. 汇总记账凭证核算形式的优缺点

汇总记账凭证核算形式的优点是减轻总账登记工作,便于分工,反映账户的对应关系,便于查账;缺点是汇总记账凭证编制的工作量大,手续繁杂。规模大,经济业务较多的企业可选用汇总记账凭证核算形式。

项目八

装订凭证

学习目标：

1. 能根据实际情况选择、使用装订工具。
2. 熟悉几种代表性装订工具的基本构造、用法及优缺点。
3. 遵守操作规程，养成注意安全的意识和习惯，爱护公物。

任务清单

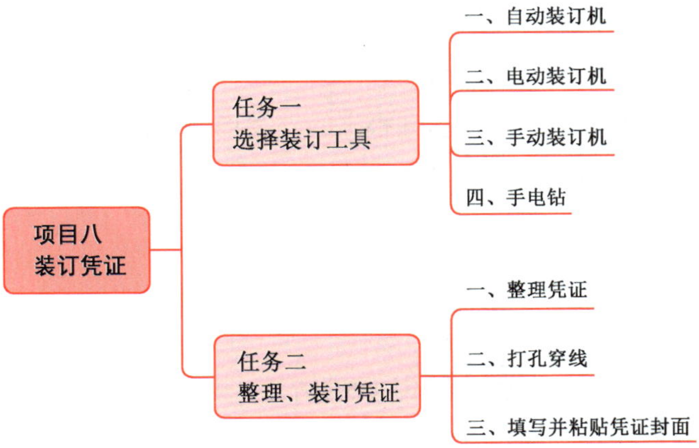

任务一　选择装订工具

记账凭证装订工具很多，基本上可以分为自动装订机、电动装订机、手动装订机和手电钻 4 类，我们应熟悉各种装订工具，正确使用它们。

一、自动装订机

自动装订机有各种不同的款式，其功能和操作方法大同小异，一般采用热熔铆管方法装订。图 8—1 是一款自动装订机构造图。

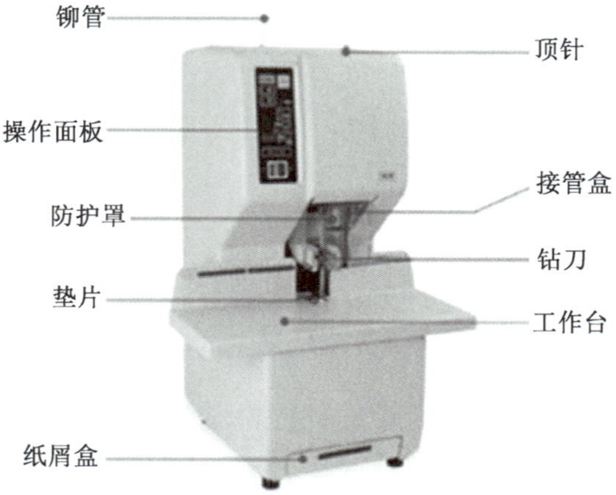

图 8—1　自动装订机构造

自动装订机操作步骤（操作时以实际使用设备的说明书为准）如下：

（1）插入铆管。

（2）开启电源，使设备预热 2—3 分钟。

（3）将整理好的资料放在工作台上，并根据红外线指示调整好资料位置。

（4）按下启动键，设备自动打孔、裁管、穿管、压铆（有的需要人工将铆管插入孔内后按压铆键）。

（5）根据需要，移动资料，重复第四步。

（6）取下资料，关闭电源。

使用自动装订机时，自始至终不可用手触摸钻刀。

自动装订机的优点是操作简单，装订效果整齐、美观，对资料厚薄没有要求（最大厚度可达 5cm），缺点是设备价格昂贵。

二、电动装订机

各种款式电动装订机的功能和操作方法基本相同，图 8—2 是电动装订机构造图（钻夹旋钮存放于工具盒中）。

电动装订机操作步骤如下：

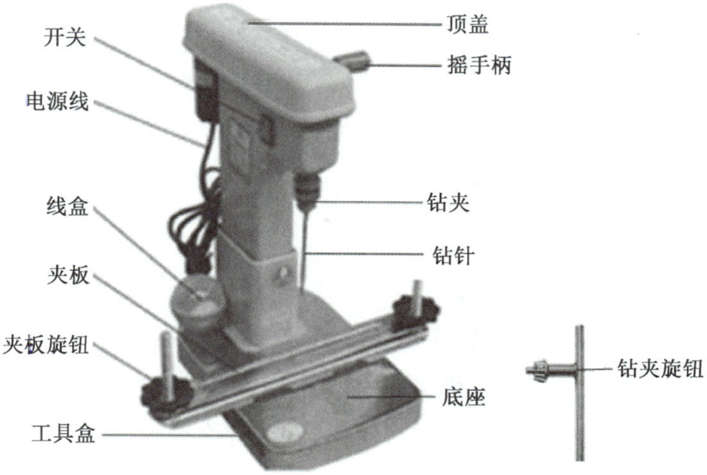

图 8—2　电动装订机构造

（一）装卸钻针

钻针是用来打孔的，头部有一个豁口，用于勾线。使用电动装订机时，从工作台下面的工具盒中取出钻针，把钻针的尾部插入钻夹中，注意将钻针豁口对着机器的正前方，用手将钻夹初步拧紧，最后用钻夹旋钮固定。不用时用钻夹旋钮拧松钻夹，取下钻针，放入工具盒中。

装卸钻针必须在拔下电源插头的情况下进行，注意安全。

（二）穿线

在装线盒内放入线团，将线头从装线盒小孔引出，再从工作台后面的小孔穿进工作台底部，工作台底部有两个穿线孔，一个固定，另一个在弹片上，将线头依次穿进固定孔和弹片孔，接着将线头从工作台中间的底座台面孔穿出，最后把线头从夹板的夹缝拉向左边，留出一定长度，穿线完成，如图 8—3 所示。

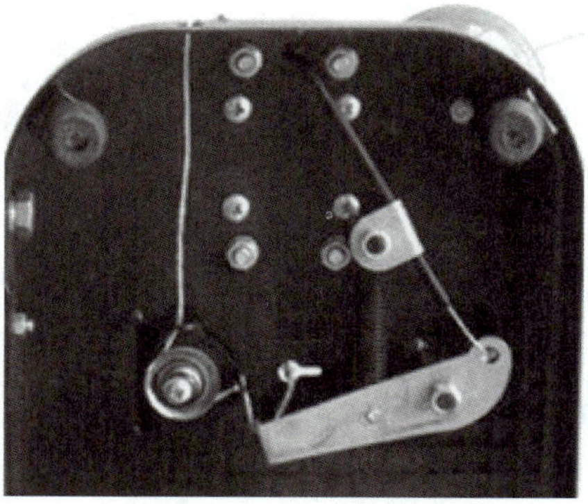

图 8—3　电动装订机穿线

(三)装卸资料

将要装订的资料整理好,松开夹板,放入资料,注意装订位置处于钻针下,最后将夹板旋钮拧紧。卸下资料时拧松夹板旋钮即可。

(四)装订

插上电源插头,打开电源开关,钻针开始旋转,摇动摇手柄,使钻针下移,进行打孔,听到“咔嚓”声响,电源自动断开,孔已打好,线已勾上,反向摇动摇手柄(不可迅速放开,以免碰伤),移出钻针,从钻针上卸下线圈,将线头穿进线圈,移动夹板,重复以上操作,继续打孔穿线。最后卸下资料,剪断装订线,将装订线拉紧,两头打结系在一起,完成装订。

装订资料时,将夹板从左往右移动,注意手不可靠近钻针。

电动装订机的优点是可以打孔并穿线,使用方便,价格相对便宜,缺点是容易发生故障(线勾不上),要求资料较厚(资料较薄则不能夹紧)。

三、手动装订机

各种款式手动装订机的构造基本相同,如图 8—4 所示。

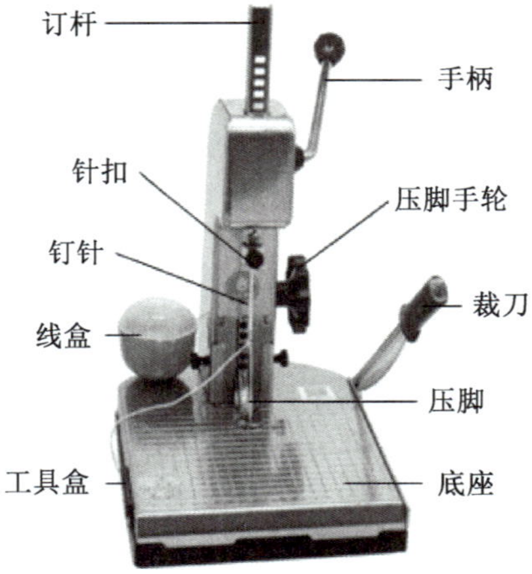

图 8—4 手动装订机构造

手动装订机操作步骤如下:

(一)装卸钉针

钉针是靠压力戳穿资料打孔的,头部有一个豁口,用于勾线。使用手动装订机时,从工具盒中取出钉针,松开针扣旋钮,取下针扣,把钉针的尾部插入钉杆下头小孔中(钉针豁口对正前方),装上针扣,拧紧针扣旋钮即可。不用时松开针扣旋钮,取下针扣和钉针,放入工具盒中。

（二）穿线

手动装订机的穿线方法与电动装订机的穿线方法相似。

（三）装订

按装订机上指示方向转动压脚手轮，提起压脚，将整理好的资料放在压脚下，再反向转动压脚手轮，将资料用压脚压紧，下压手柄，使钉针下移，进行打孔，听到“咔嚓”声响，表示孔已打好，线已勾上，上拉手柄，移出钉针，从钉针上卸下线圈，将线头穿进线圈，松开压脚手轮，移动资料，重复以上操作，继续打孔穿线。最后卸下资料，剪断装订线，将装订线拉紧，两头打结系在一起，完成装订。

注意每次打孔后都要让手柄复位，手柄复位时手不要迅速放开，以免被手柄碰伤。装订资料时，将资料从左往右移动，注意手不可靠近钉针。

手动装订机的优点是可以打孔并穿线，价格便宜，缺点是需要较大力气，容易发生故障（线勾不上，钉针不易移出、容易断裂），要求资料较薄，装订效果不佳。

四、手电钻

手电钻只是打孔工具，图 8—5 是手电钻构造图。

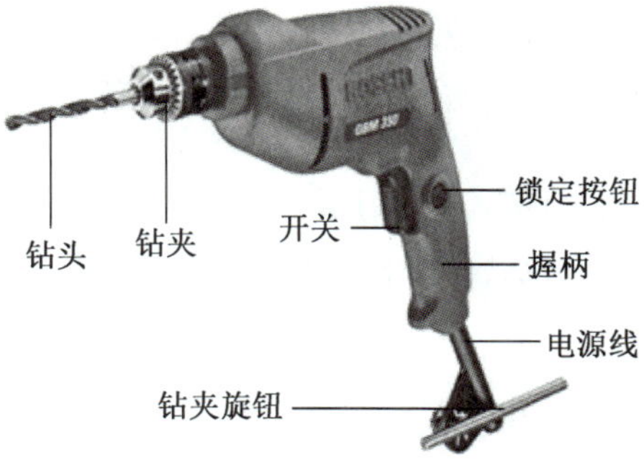

图 8—5 手电钻构造

手电钻的操作步骤如下：

（一）装卸钻头

松开钻夹，把钻头尾部插入钻夹中，用手将钻夹初步拧紧，最后用钻夹旋钮固定。不用时用钻夹旋钮拧松钻夹，取下钻头，放入工具盒中。

装卸钻头必须在拔下电源插头的情况下进行，注意安全。

（二）打孔

插上电源插头，将钻头垂直对准钻孔位置，按下开关，钻头开始旋转，稍加压力进行钻孔，钻穿后移出，松开开关，拔下电源插头。

注意手电钻必须拿稳，钻头抵达资料后方可按下开关，手不可过于靠近钻头，不可在拥挤的环境下使用。对资料打孔时应在资料下垫块较厚的木板，以免损坏资料下的物品。

手电钻的优点是使用方便，价格便宜，对资料厚薄没有要求，缺点是只能打孔，需要手工穿线，安全性较差。

相关知识与说明

每一种装订工具都有使用说明书，使用前应当认真阅读，将操作规程和注意事项熟记于心，然后才能开始装订操作。

如果对装订工具的操作过程不清楚，还可以在网上搜索该设备操作视频，反复观看后再进行装订操作。

选择装订工具应考虑资料厚度和美观要求，结合自身偏好进行。

任务二　整理、装订凭证

每个月的记账凭证应当装订成本，装订凭证在编制科目汇总表之后进行。将凭证整理好后，运用装订工具打孔穿线，然后填写并粘贴凭证封面。

装订凭证时必须遵守设备操作规程，在适宜的环境中进行，确保安全，防止损坏物品。我们一定要养成注意安全的意识和习惯，爱护公物。

一、整理凭证

我们分别对 20×2 年 1 月份第 1 号至第 25 号记账凭证和第 25 号以后的记账凭证按以下方法整理凭证：

(1)将记账凭证按小号在上、大号在下排序。

(2)每本记账凭证一张科目汇总表，科目汇总表放在记账凭证前面。

(3)去掉凭证上的大头针、回形针和订书钉等金属物件。

(4)将凭证左边和上边理齐。

(5)凭证中如有超出凭证下边的纸张，应予折叠，折叠方法如图 8－6 所示。

(6)用夹子将凭证夹紧。

图 8—6 纸张折叠示例

二、打孔穿线

我们在凭证左边依次打下 3 个孔 A、B、C，如图 8—7 所示。如果手工穿线，线从 A 孔进入，从 B 孔引出，再进入 C 孔，又从 B 孔引出，再次进入 A 孔，在凭证反面 A 孔处将两个线头打结，并将结头塞入 A 孔。装订线要系牢并打死结。

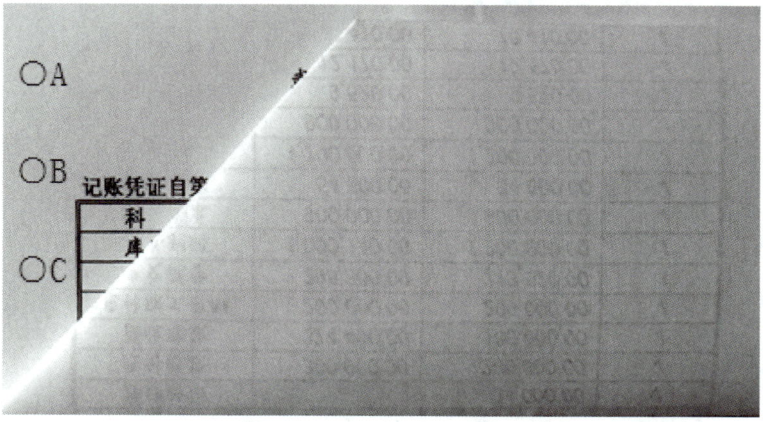

图 8—7 打孔位置

三、填写并粘贴凭证封面

我们按照图 8—8 填写凭证封面。凭证封面上的起止日期填写对应记账凭证的首尾日期，即科目汇总表的起止日期。

单位名称	武汉楚风家具有限公司		
凭证类别	□____收款凭证 □____付款凭证 □转账凭证 ☑通用凭证		
凭证起止日期	自 20×2 年 1 月 1 日至 20×2 年 1 月 21 日		
凭证册数	本月共　　册		本册是第 1 册
凭证号数	本册自第 1 号至第 25 号		本册共有 25 号
财务主管	钱必清	经办会计	李明
保管期限	30年	装订人	李明

图 8—8　凭证封面填写

凭证封面填好后，我们折叠出两条平行痕迹，其间距与凭证厚度相当，再用胶水粘贴在记账凭证上，注意上边与凭证平齐，并将装订线盖住，如图 8—9 所示。

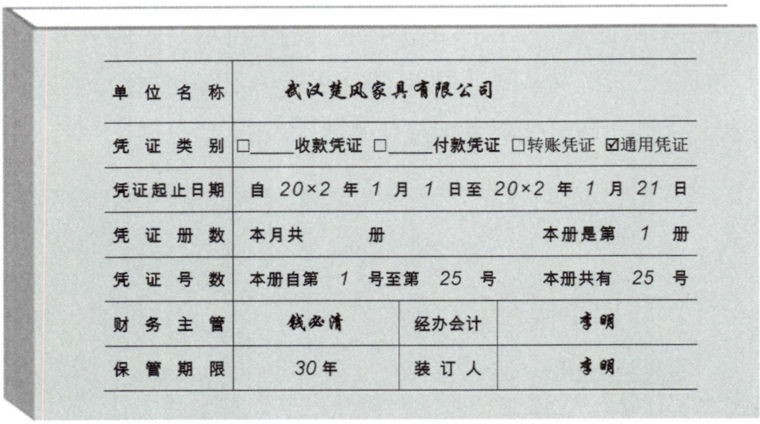

单位名称	武汉楚风家具有限公司		
凭证类别	□____收款凭证 □____付款凭证 □转账凭证 ☑通用凭证		
凭证起止日期	自 20×2 年 1 月 1 日至 20×2 年 1 月 21 日		
凭证册数	本月共　　册		本册是第 1 册
凭证号数	本册自第 1 号至第 25 号		本册共有 25 号
财务主管	钱必清	经办会计	李明
保管期限	30年	装订人	李明

图 8—9　装订后的记账凭证

相关知识与说明

一、凭证装订

（一）凭证整理

记账凭证与其所附原始凭证是一个整体，不可分开。整理、装订凭证时按凭证号排序，以科目汇总表为扉页。

如果使用专用记账凭证，应先按凭证类别整理，同类凭证放在一起，然后按编号排列。

如果采用汇总记账凭证核算形式，记账凭证应分类放在相应的汇总记账凭证后面。

凭证装订

单独存放的原始凭证也需要装订，并加具封面。封面上写明原始凭证名称、所属期及其他必要内容。

（二）凭证装订方法

凭证装订方法分为线装法和管铆法，线装法是用装订线将凭证连结在一起，是传统方法，又分为左边装订法和包角法，前面使用的方法即为左边装订法。管铆法是用铆管将凭证连结在一起，是一种现代方法。

包角法装订凭证

管铆法装订凭证是在自动装订机上进行，装订时一般连同凭证封面一起装订，其效果如图 8—10 所示。

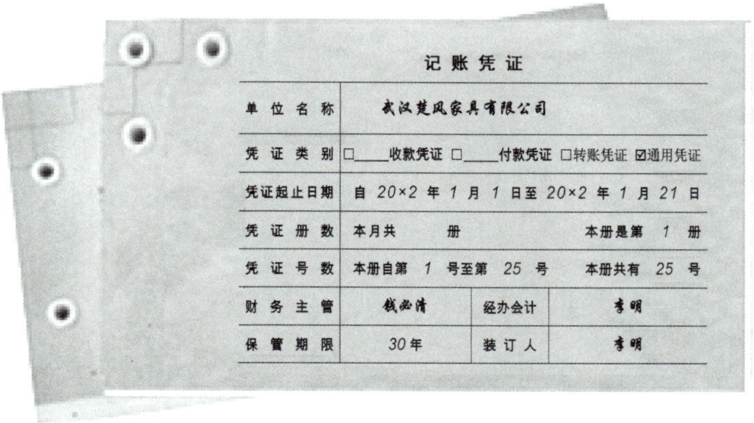

记账凭证

单位名称	武汉楚风家具有限公司		
凭证类别	□____收款凭证 □____付款凭证 □转账凭证 ☑通用凭证		
凭证起止日期	自 20×2 年 1 月 1 日至 20×2 年 1 月 21 日		
凭证册数	本月共 册 本册是第 1 册		
凭证号数	本册自第 1 号至第 25 号 本册共有 25 号		
财务主管	钱必清	经办会计	李明
保管期限	30 年	装订人	李明

图 8—10 管铆法装订效果

（三）凭证装订要求

装订凭证可以使用不同的工具，采取不同的方法，只要满足以下要求即可：

（1）装订在左边或左上角适当位置。

（2）凭证内容不被遮盖并容易翻阅。

（3）尽量做到整齐、美观，保证凭证不散。

二、凭证封面填写

凭证封面上记载的内容有所不同，一般应当完整填写，其中“本月册数”可等到月末补填。

每月凭证封面上的起止日期应当连续，第一本凭证应自当月 1 日起，后一本凭证的起始日期应与前一本凭证的截止日期相同或相连，最后一本凭证的截止日期应为当月最后日期，以表示没有遗漏凭证。

三、原始凭证抽取

凭证装订后不得再拆散。如果需要从中抽取原始凭证，经审批方能抽取，同时在凭证封底的“抽出凭证登记”表中记录。

学生练习

装订 20×2 年 1 月份的记账凭证。

项目九

结账、对账与账簿换页

学习目标：

1. 能熟练进行结账和对账，善于查找并更正错账，规范进行账簿换页。

2. 掌握结账和对账的相关概念和方法，理解结账和对账的目的，熟悉错账的更正方法及其适用情形。

3. 培养诚实信用、有错必纠的良好道德品质。

任务清单

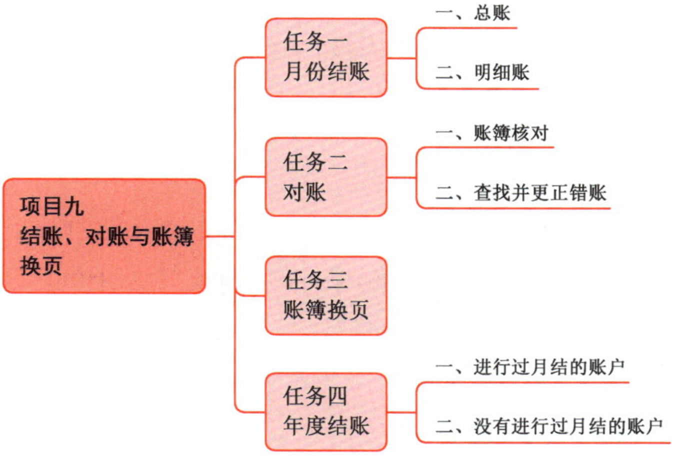

任务一　月份结账

每个月份终了时应当进行结账，除卡片账外，所有正式账簿都要进行月份结账。不同账簿结账的做法有所不同，应区别对待。

一、总账

20×2 年 1 月 31 日，我们已将总账登记完毕，可以进行结账了。图 9—1 是 20×2 年 1 月份“银行存款”总账结账前记录。

总 分 类 账　　第1号

科目：银行存款

20×2年 月	日	凭证 字	号	摘　要	借　方	贷　方	借或贷	余　额	核对
				上年结转			借	275637949	
1	21	汇	1	记账凭证第1号至第25号汇总	153900000	78406776			
	31	汇	2	记账凭证第26号至第52号汇总		8682346			

图 9—1　“银行存款”总账结账前记录

根据这个账户记录，我们可以确定“银行存款”账户 1 月份借方发生额为 1 539 000.00 元，贷方发生额为 870 891.22 元。我们可以计算出：

1 月末余额＝2 756 379.49＋1 539 000.00－870 891.22＝3 424 488.27(元)

我们应在 1 月份最后一行记录下添加结账行，在“摘要”栏写上“本月合计”，在“借方”和“贷方”栏分别写上 1 月份发生额，在“借或贷”栏写上“借”，在余额栏写上 1 月末余额，然后在结账行上、下各划一条通栏红线，如图 9—2 所示。

总 分 类 账

第1号

科目：银行存款

20×2年		凭证		摘要	借方（千百十万千百十元角分）	贷方（千百十万千百十元角分）	借或贷	余额（千百十万千百十元角分）	核对
月	日	字	号						
				上年结转			借	275637949	
1	21	汇	1	记账凭证第1号至第25号汇总	153900000	78406776			
	31	汇	2	记账凭证第26号至第52号汇总		8682346			
				本月合计	153900000	87089122	借	342448827	

图9—2 “银行存款”总账结账

相关知识与说明

一、结账

（一）结账的概念与分类

1. 结账的概念

结账是对账户记录进行结算，在期末计算出账户的本期发生额和余额，并记录在账户中。结账是对账簿记录所做的结束工作，结账后，该账户当期记录到此为止。

结账

结账必须在本期记账凭证全部登记入账后进行。

2. 结账的分类

结账按时间周期分为日期结账、月份结账、季度结账和年度结账。日期结账简称日结，就是结束当天账户记录，一般应结算出账户当天的发生额和余额，日记账需要进行日结；月份结账简称月结，就是结束当月账户记录，一般应结算出账户当月的发生额和余额，当月有发生额的账户需要进行月结；季度结账简称季结，就是结束当季账户记录，一般应结算出账户当季的发生额和余额，如无特别需要可不进行季结；年度结账简称年结，就是结束当年账户记录，一般应结算出账户当年的发生额和余额，各种账户都需要进行年结。

结账按操作过程分为预结账和正式结账。预结账是为了便于修改差错，按照结账的方法进行，将金额用铅笔书写。正式结账是在确认预结账结果无误时将铅笔书写的数字擦掉，用记录墨水写上相应的数字。月份结账时一般先预结账，对账后再正式结账。

(二)结账方法

结账方法有规范结账法和简易结账法之分。

1. 规范结账法

规范结账法需要设置结账行,结账行记录完整。前面对 20×2 年 1 月份“银行存款”总账进行月结就是使用的规范结账法。

在结账行上下各划一条通栏红线,是实际工作中会计人员的习惯做法(有的教科书上只在结账行下划一条通栏红线),将结账行与记录行区别开来。

2. 简易结账法

有的账户当期记录很少,或者不必计算当期发生额,这时可采用简易结账法,即在当期最后一条记录后计算出余额并写在余额栏,如图 9—3 所示。

总 分 类 账

第1号

科目: 银行存款

20×2年		凭证		摘要	借方(千百十万千百十元角分)	贷方(千百十万千百十元角分)	借或贷	余额(千百十万千百十元角分)	核对
月	日	字	号						
				上年结转			借	275637949	
1	21	汇	1	记账凭证第1号至第25号汇总	153900000	78406776			
	31	汇	2	记账凭证第26号至第52号汇总		8682346	借	342448827	

图 9—3 简易结账法示例

日记账的日结通常采用简易结账法。为统一起见,同一账簿中不同账户同期结账应当采用一种结账方法。

二、账户余额

除了普通多栏明细账,其他账簿在结账时都要计算出账户期末余额,并在账户上记录。

(一)余额计算

账户期末余额可按下列公式计算:

某账户期末余额＝该账户期初余额＋本期同向发生额－本期异向发生额

公式中“同向”和“异向”是相对期初余额方向而言,计算结果如为正数,则余额方向不变(为期初方向),计算结果如为负数,则余额改变方向。

(二)余额记录

在有“借或贷”栏(即余额方向栏)的账户中,应当写明余额方向“借”或“贷”,并在余额栏写上金额。有的账户没有余额,这时应在“借或贷”栏写上“平”,并在余额栏的元位上写上“θ”似的符号(仍读作“0”),如图 9—4 所示。有的账户没有印“借或贷”栏,其余额只能在借方，直接在余额栏写上金额或“θ”似的符号。

总 分 类 账

第41号

科目：主营业务收入

20×2年 月	日	凭证 字	号	摘要	借方	贷方	借或贷	余额	核对
1	21	汇	1	记账凭证第1号至第25号汇总		75000000			
	31	汇	2	记账凭证第26号至第52号汇总	110000000	35000000			
				本月合计	110000000	110000000	平	θ	

图 9—4 “余额为零”的表示方法示例

> ### 学生练习
> 对 20×2 年 1 月份各总账账户进行结账。

二、明细账

明细账的格式和记录内容因账簿不同而有所不同，结账应根据记录内容进行。

（一）三栏明细账

三栏明细账在结构上与总账相似，可比照总账进行结账。

对于“应收账款——汉阳家具商场”账户，20×2 年 1 月份结账前账户记录如图 9—5 所示，我们可按图 9—6 进行结账。

明细分类账

总页 分页

一级科目：应收账款　　　　子目或户名：汉阳家具商场

20×2年 月	日	凭证 字	号	摘要	借方	贷方	借或贷	余额
				上年结转			借	33900000
1	4	记	4	收货款		33900000		
	6	记	7	销售桌椅	16950000			
	21	记	26	销售桌椅	16950000			

图 9—5 “应收账款——汉阳家具商场”账户结账前记录

明细分类账

总页 ___ 分页 ___

一级科目：应收账款　　　　子目或户名：汉阳家具商场

20×2年 月	日	凭证 字	号	摘要	借方（千百十万千百十元角分）	贷方（千百十万千百十元角分）	借或贷	余额（千百十万千百十元角分）
				上年结转			借	33900000
1	4	记	4	收货款		33900000		
	6	记	7	销售桌椅	16950000			
	21	记	26	销售桌椅	16950000			
				本月合计	33900000	33900000	借	33900000

图 9—6 “应收账款——汉阳家具商场”账户结账

学生练习

对 20×2 年 1 月份三栏明细账进行结账。

（二）多栏明细账

多栏明细账只有借方或贷方一个方向，一般有多个项目栏，没有余额栏。结账时应当结出借方或贷方和各项目栏到本期为止的累计发生额。

图 9—7 是 20×2 年 1 月份“制造费用——制作车间”账户结账前记录（右半部分没有内容，略去）。我们应在 1 月份最后一行记录下添加结账行，在“摘要”栏写上“本年累计”，在“借方”栏和各项目栏分别写上本年累计发生额（1 月份本年累计发生额就是当月发生额），然后在结账行上、下各划一条通栏红线，如图 9—8 所示（右半部分没有内容，略去）。

制造费用 明细分类账

生产车间：制作车间

20×2年 月	日	凭证 字	号	摘要	借方	（借）方金额分析 办公费	电费	工资及附加	固定资产折旧
1	14	记	15	领用办公用品	2000	2000			
	26	记	34	付电费	1105800		1105800		
	26	记	35	付电信费	11920	11920			
	27	记	37	分配职工中餐费	40000			40000	
	31	记	42	计提固定资产折旧	1632000				1632000
	31	记	44	分配本月工资	830000			830000	
	31	记	45	计提工会经费	16600			16600	
	31	记	46	计提“五险一金”	346940			346940	
	31	记	47	分配制造费用	3985260	13920	1105800	1233540	1632000

图9-7 “制造费用——制作车间”账户结账前记录

制造费用 明细分类账

生产车间：制作车间

20×2年 月	日	凭证 字	号	摘要	借方	（借）方金额分析 办公费	电费	工资及附加	固定资产折旧
1	14	记	15	领用办公用品	2000	2000			
	26	记	34	付电费	1105800		1105800		
	26	记	35	付电信费	11920	11920			
	27	记	37	分配职工中餐费	40000			40000	
	31	记	42	计提固定资产折旧	1632000				1632000
	31	记	44	分配本月工资	830000			830000	
	31	记	45	计提工会经费	16600			16600	
	31	记	46	计提“五险一金”	346940			346940	
	31	记	47	分配制造费用	3985260	13920	1105800	1233540	1632000
				本年累计	3985260	13920	1105800	1233540	1632000

图9-8 “制造费用——制作车间”账户结账

相关知识与说明

多栏明细账中账户各月最后一行记录是转出记录，一般用红字登记，表示与设定方向相反。汇总当月发生额时不应将最后一行记录计算在内(中间行如有红字应减去)。

多栏明细账中账户当月发生额要全部转出，“本月合计”各栏金额也就等于同栏转出金额(即最后的红色数字)，“本月合计”只是把红色数字抄写一遍，这样做没有实际意义。因此，多栏明细账可不用“本月合计”，改为“本年累计”。“本年累计”是指本年到目前为止的累计发生额，用上月本年累计金额加上本月发生额。编制利润表时需要多栏明细账的累计金额，因而多栏明细账月结时都用“本年累计”。

“生产成本”账户月末一般会有余额，因此生产成本明细账进行月份结账时仍用“本月合计”。

学生练习

对 20×2 年 1 月份多栏明细账进行结账。

(三)数量金额明细账

数量金额明细账的借方、贷方和余额栏都要记录数量、单价和金额，结账时除了结出账户各栏金额外，还应结出账户借、贷方的数量和余额栏的数量及单价。

图 9—9 是 20×2 年 1 月份“原材料——原木”账户结账前记录，我们可按图 9—10 进行结账。

原材料明细分类账

总页 分页

最高存量 编号

最低存量 存储地点 材料仓库 规格 杉木 类别 主要材料 计量单位 立方米 品名 原木

20×2年		凭证		摘要	借方			贷方			余额		
月	日	字	号		数量	单价	金额（千百十万千百十元角分）	数量	单价	金额（千百十万千百十元角分）	数量	单价	金额（千百十万千百十元角分）
				上年结转							70	800.00	5600000
1	4	记	2	领用				21.8	800.00	1744000			
	8	记	10	购进	46.44	800.00	3715200						
	12	记	12	领用				22.1	800.00	1768000			
	19	记	19	领用				21.7	800.00	1736000			
	20	记	22	购进	43.55	800.00	3484000						
	26	记	30	领用				20.4	800.00	1632000			

图9-9 “原材料——原木”结账前记录

原材料明细分类账

总页 | 分页

最高存量
最低存量　　　存储地点 材料仓库　　规　格 杉木　　类　别 主要材料　　计量单位 立方米　　编　号　　品　名 原木

20×2年		凭证		摘要	借方												贷方												余额											
					数量	单价	金额										数量	单价	金额										数量	单价	金额									
月	日	字	号				千	百	十	万	千	百	十	元	角	分			千	百	十	万	千	百	十	元	角	分			千	百	十	万	千	百	十	元	角	分
				上年结转																									70	800.00				5	6	0	0	0	0	0
1	4	记	2	领用													21.8	800.00				1	7	4	4	0	0	0												
	8	记	10	购进	46.44	800.00				3	7	1	5	2	0	0																								
	12	记	12	领用													22.1	800.00				1	7	6	8	0	0	0												
	19	记	19	领用													21.7	800.00				1	7	3	6	0	0	0												
	20	记	22	购进	43.55	800.00				3	4	8	4	0	0	0																								
	26	记	30	领用													20.4	800.00				1	6	3	2	0	0	0												
				本月合计	89.99	800.00				7	1	9	9	2	0	0	86	800.00				6	8	8	0	0	0	0	73.99	800.00				5	9	1	9	2	0	0

图9-10　“原材料——原木”账户结账

相关知识与说明

数量金额明细账用于记录实物的数量和金额,其余额只能在借方,因此,余额栏前面没有"借或贷"栏。结账时,数量和金额的计算方法一样,借方和贷方单价可不写(每次收进和发出的单价可能不一样),但余额单价必须写明。

数量金额明细账上余额栏期末的数量和单价在不同的计价方法下有不同的表示方法,请查阅财务会计书籍。在此,采取如下算法。

1. 计算期末结余金额和数量

期末数额=期初数额+本期借方发生数额—本期借方发生数额

2. 计算期末单价

期末单价=期末金额÷期末数量

期末单价应取两位小数,因为存在四舍五入,余额栏的数量与单价的乘积可能不等于金额。

如果某个账户没有余额,应在余额金额栏的元位上写上"θ"似的符号。

学生练习

对 20×2 年 1 月份存货明细账进行结账。

(四)增值税明细账

增值税明细账的借方和贷方都有多栏,结账时借方和贷方各栏发生额都要结出,同时结出余额。

图 9—11 和图 9—12 是 20×2 年 1 月份增值税明细账结账前记录,我们可按图 9—13 和图 9—14 进行结账。

应交税费（增值税）明细分类账

20×2年 月	20×2年 日	凭证 字	凭证 号	摘要	借方 合计	借方 进项税额	借方 已交税金	借方 销项税额抵减	借方 减免税款
				上年结转					
1	4	记	1	购螺钉	650.00	650.00			
	5	记	5	销售桌椅					
	6	记	7	销售桌椅					
	7	记	9	销售桌椅					
	8	记	10	购原木	4829.76	4829.76			
	13	记	14	缴纳税费	146900.00		146900.00		
	20	记	21	张开新报销差旅费	238.79	238.79			
	20	记	22	购原木	4529.20	4529.20			
	20	记	24	销售桌椅					
	21	记	26	销售桌椅					
	22	记	27	购腻子油漆	1950.00	1950.00			
	23	记	29	销售桌椅					
	26	记	32	赵伟报销差旅费	159.74	159.74			
	26	记	33	付水费	19.81	19.81			
	26	记	34	付电费	2613.78	2613.78			
	26	记	35	付电信费	220.74	220.74			
	28	记	38	购包装材料	975.00	975.00			
				过次页					

图9-11　增值税明细账结账前记录（左半部分）

第　页

出口抵减内销产品应纳税额	贷方 合计	贷方 销项税额	贷方 出口退税	贷方 进项税额转出	借或贷	余额
					贷	146 900.00
	26 000.00	26 000.00				
	19 500.00	19 500.00				
	26 000.00	26 000.00				
	26 000.00	26 000.00				
	19 500.00	19 500.00				
	26 000.00	26 000.00				

图9-12　增值税明细账结账前记录（右半部分）

应交税费（增值税）明细分类账

20×2年		凭证		摘要	借方				
月	日	字	号		合计	进项税额	已交税金	销项税额抵减	减免税款
				上年结转					
1	4	记	1	购螺钉	650.00	650.00			
	5	记	5	销售桌椅					
	6	记	7	销售桌椅					
	7	记	9	销售桌椅					
	8	记	10	购原木	4829.76	4829.76			
	13	记	14	缴纳税费	146900.00		146900.00		
	20	记	21	张开新报销差旅费	238.79	238.79			
	20	记	22	购原木	4529.20	4529.20			
	20	记	24	销售桌椅					
	21	记	26	销售桌椅					
	22	记	27	购腻子油漆	1950.00	1950.00			
	23	记	29	销售桌椅					
	26	记	32	赵伟报销差旅费	159.74	159.74			
	26	记	33	付水费	19.81	19.81			
	26	记	34	付电费	2613.78	2613.78			
	26	记	35	付电信费	220.74	220.74			
	28	记	38	购包装材料	975.00	975.00			
				本月合计	163086.82	16186.82	146900.00		
				过次页					

图9-13　增值税明细账结账（左半部分）

出口抵减内销产品应纳税额	贷方：合计	贷方：销项税额	贷方：出口退税	贷方：进项税额转出	借或贷	余额
					贷	14690000
	2600000	2600000				
	1950000	1950000				
	2600000	2600000				
	2600000	2600000				
	1950000	1950000				
	2600000	2600000				
	14300000	14300000			贷	12681318

图9-14　增值税明细账结账（右半部分）

学生练习

对 20×2 年 1 月份增值税明细账进行结账。

相关知识与说明

一、结账的目的

结账的目的主要表现在以下 3 个方面。

(一)方便对账

在进行账簿核对时，首先核对相关账户的余额或发生额。如果余额或发生额能对上，就不再往下进行，因此，结账为对账创造了便利条件。

(二)为编制会计报表做准备

企业应当定期编制会计报表。编制资产负债表需要用到总账和三栏明细账中某些账户的余额；编制利润表需要用到损益类账户的当期发生额和本年累计发生额。

(三)为经营管理决策提供参考

每个会计期间结束时，人们想知道账户本期发生额和余额，以便做出适当的经营管理决策。比如，通过应收账款明细账的本期发生额可以知道企业有哪些大客户，要注意维护客户关系；通过应收账款明细账的余额可以知道哪些客户欠款较多，要注意催款以防范风险。

二、"本月合计"与"本年累计"的使用

结账时一般用到"本月合计"或"本年累计"，根据结账目的或者人们所关注的问题选择。对于资产、负债和所有者权益类账户，人们主要关注余额，用"本月合计"即可；对于损益类账户，人们不仅关注当月发生额，还关注本年累计发生额，须用"本年累计"。

同类账户或同一本账簿一般统一使用一种做法，总账、三栏明细账、数量金额明细账、生产成本(其余额反映在产品价值，是企业资产)用"本月合计"，多栏明细账(生产成本除外)用"本年累计"。有的教材主张对各类账户结账先进行"本月合计"，再进行"本年累计"，其实没有必要。

任务二 对 账

每个月份终了时要进行对账，以保证账簿记录的正确性。对账一定要认真进行，不可敷衍，我们应讲求诚实信用。

一、账簿核对

账簿核对是将记录相同内容的不同账簿进行核对，判断两者是否一致。20×2 年 1 月份结束后，我们应将总账与日记账、总账与所属明细账进行核对，检查账簿记录是否有差错。

(一)总账与日记账核对

我们应将总账与出纳掌管的现金日记账、银行存款日记账进行核对。

图 9—15 是出纳提供的 20×2 年 1 月份银行存款日记账记录，该记录显示，1 月份"银行存款"账户余额为 3 424 488.27 元。

第2号

银行存款日记账

开户行 工商银行武汉楚风支行
账 号 62230286123618

20×2年		凭证		票据		摘要	√	借方	贷方	余额
月	日	字	号	字	号			千百十万千百十元角分	千百十万千百十元角分	千百十万千百十元角分
						承前页		153900000	80946376	348591573
1	26	记	33			付水费	√		24000	
	26	记	34			付电费	√		2271978	
	26	记	35			付电信费	√		272368	346023227
	27	记	36			付职工中餐费	√		2031000	343992227
	28	记	39			付货款	√		847500	343144727
	29	记	40			安泰报销加油费	√		130900	343013827
	30	记	41			付货款	√		565000	342448827
						本月合计		153900000	87089122	342448827
						过次页				

图 9—15 银行存款日记账记录

我们将银行存款总账(见图 9—2)与之核对，发现两者 1 月份的余额是一样的，说明两者相符，基本上可以断定银行存款总账和银行存款日记账记录正确。

相关知识与说明

一、对账

(一)对账的概念

对账

对账是为保证账簿记录的正确性,对账簿记录进行全面的核对。对账是将相关方面进行对照,以检查账簿记录是否正确,是保证会计信息质量的重要措施。

在填制记账凭证、登记账簿和结账过程中难免会发生错误,造成账簿记录不正确,要通过对账发现错误,更正错账。

(二)对账的内容

1. 账证核对

账证核对是将账簿记录与会计凭证进行核对,保证两者相符。

账证核对主要在登记账簿时进行,登记账簿要特别仔细、认真,努力避免差错。一旦出现差错,查找起来很麻烦。

2. 账账核对

账账核对是将相关账簿的记录进行核对,保证它们相符。账账核对分为财务部门内部对账、与物资管理部门对账和与往来单位对账。

(1)财务部门内部对账

财务部门内部对账一般在月末进行,内容包括总账与日记账的核对、总账与所属明细账的核对以及明细账与其下属明细账的核对。

(2)与物资管理部门对账

企业物资管理部门(如仓库)要对各种物资的收进和发出情况分别设置账簿,进行记录,物资管理部门的账簿只对各种物资记载数量,不记金额。

财务部门应定期与物资管理部门对账,一般至少半年进行一次。财务部门与其对账时只对数量,不对金额。

(3)与往来单位对账

对于应收账款、预付账款、应付账款和预收账款等往来账,也应定期与往来单位进行对账,以免出现差错,产生纠纷。企业与往来单位对账一般在年末或下年初进行。

企业应将自己账户截止某个日期的余额(也可将某个时期的发生额和期末余额一起)函告往来单位请求核对。如果双方记录不一致,则应核对账簿详细记录和原始凭证,找出差错，进行更正。

3. 账实核对

账实核对是将账簿记录与资金、实物的实有数额进行核对。

原材料、库存商品、固定资产等实物的账簿记录与实物实有数量的核对每年至少进行一次，由企业组织人力对实物资产进行清查并记录其结果。会计人员应参与清查，将清查结果与账簿记录一一核对，如有差异，应查明原因，根据领导批示对账簿记录进行调整。

二、对账与结账的先后关系

对账一般核对余额和发生额，理应在结账后进行，没有结账就难以对账。但对账时可能会发现账簿记录存在差错，需要进行更正，导致要重新结账。因此应当将结账和对账结合起来进行，先预结账，再对账，更正错账后正式结账。

三、日记账的检查

日记账由出纳负责，出纳每个工作日结束前应将现金日记账当天余额与实有现金核对，每个月份终了后应将银行存款日记账与实有银行存款（银行对账单）核对，以保证账实相符，这是日记账的账实核对。

总账与日记账的核对应在日记账账实核对之后进行，余额相符即可。

学生练习

核对 20×2 年 1 月份银行存款总账与银行存款日记账。

（二）总账与所属明细账核对

三栏明细账、数量金额明细账和增值税明细账结账时都结出了余额，多栏明细账没有余额，与总账核对时应区别进行。

1. 三栏明细账、数量金额明细账与总账核对

我们应将每个账户所属明细账的余额进行汇总，然后与总账余额进行核对，以判断两者是否相符。

对于应收账款，在三栏明细账中有“汉阳家具商场”和“汉口家具商场”两个明细账户，分别如图 9－6 和图 9－16 所示（这里给出的汉口家具商场账簿记录是错误的，目的是引出后面的错账更正）。

明细分类账

总页 | 分页

一级科目：应收账款　　　　子目或户名：汉口家具商场

20×2年 月	日	凭证 字	号	摘要	借方（千百十万千百十元角分）	贷方（千百十万千百十元角分）	借或贷	余额（千百十万千百十元角分）
				上年结转			借	45200000
1	5	记	5	销售桌椅	22600000			
	16	记	17	收货款		10000000		
	20	记	24	销售桌椅	22600000			
				本月合计	45200000	10000000	借	80400000

图 9—16　“应收账款——汉口家具商场”明细账记录

我们从这两个应收账款明细账可知，20×2 年 1 月末“汉阳家具商场”余额为借方 339 000.00 元，“汉口家具商场”余额为借方 804 000.00 元，两者合计为借方余额 1 143 000.00 元。

图 9—17 是 20×2 年 1 月份的应收账款总账记录，其余额为借方 243 000.00 元。应收账款总账与其所属明细账核对不相符，表明两者中至少有一方存在错误。

总 分 类 账

第3号

科目：应收账款

20×2年 月	日	凭证 字	号	摘要	借方（千百十万千百十元角分）	贷方（千百十万千百十元角分）	借或贷	余额（千百十万千百十元角分）	核对
				上年结转			借	79100000	
1	21	汇	1	记账凭证第1号至第25号汇总	62150000	133900000			
	31	汇	2	记账凭证第26号至第52号汇总	16950000				
				本月合计	79100000	133900000	借	24300000	

图 9—17　“应收账款”总账记录

相关知识与说明

一、总账与所属明细账的核对方法

总账与所属明细账核对的基本方法是试算平衡法。试算平衡法是利用试算平衡公式“每个总账科目的余额＝其所属明细科目余额合计”进行核对，以判断总账与所属明细账是否相符。

试算平衡不能完全肯定账簿记录没有错误，只表示错误的可能性较小。下列错误是试算平衡检查不出来的：

(1)一笔业务记漏了。

(2)一笔业务记重了。

(3)一笔业务的借贷方向记反了。

(4)一笔业务借贷双方的金额都多记了或少记了相等的金额。

(5)记账凭证填写错误。

二、明细账余额汇总

汇总明细账余额时应当同向相加，异向相减。相加时方向不变，相减时哪一方金额大，余额就在哪一方。

增值税明细账不能直接与总账核对，应作为“应交税费”的一个明细账户与“应交税费”的其他明细账户一起与总账核对。

学生练习

将20×2年1月份的三栏明细账、数量金额明细账和增值税明细账分别与总账核对。

2. 多栏明细账与总账核对

多栏明细账与总账核对时只能核对当月发生额。

对于制造费用，在多栏明细账中有“制作车间”和“油漆车间”两个明细账户，分别如图9—8和图9—18所示。

制造费用 明细分类账

生产车间：油漆车间

20×2年 月	日	凭证 字	号	摘要	借方	（借）方金额分析 办公费	电费	工资及附加	固定资产折旧
1	14	记	15	领用办公用品	20.00	20.00			
	26	记	34	付电费	5 428.50		5 428.50		
	26	记	35	付电信费	116.00	116.00			
	27	记	37	分配职工中餐费	400.00			400.00	
	31	记	42	计提固定资产折旧	6 240.00				6 240.00
	31	记	44	分配本月工资	8 300.00			8 300.00	
	31	记	45	计提工会经费	166.00			166.00	
	31	记	46	计提“五险一金”	3 469.40			3 469.40	
	31	记	47	分配制造费用	24 139.90	136.00	5 428.50	12 335.40	6 240.00
				本年累计	24 139.90	136.00	5 428.50	12 335.40	6 240.00

图9-18 “制造费用——油漆车间”账户记录

我们从这两个制造费用明细账可知，20×2 年 1 月份制作车间制造费用发生额为 39 852.60 元，油漆车间制造费用发生额为 24 139.90 元，两者合计为借方 63 992.50 元。

图 9—19 是 20×2 年 1 月份的制造费用总账记录，其发生额为 63 992.50 元。制造费用总账发生额与明细账发生额相符，表明两者基本上没有错误。

总 分 类 账 第39号

科目：制造费用

20×2年 月	日	凭证 字	号	摘要	借方（千百十万千百十元角分）	贷方（千百十万千百十元角分）	借或贷	余额（千百十万千百十元角分）	核对
1	21	汇	1	记账凭证第1号至第25号汇总	4000				
	31	汇	2	记账凭证第26号至第52号汇总	6395250	6399250			
				本月合计	6399250	6399250	平	θ	

图 9—19 20×2 年 1 月份制造费用总账记录

学生练习

将 20×2 年 1 月份的多栏明细账与总账核对。

相关知识与说明

“制造费用”账户和损益类账户的明细账与总账核对，只能核对当月发生额。“制造费用”账户和损益类账户明细账通常只设置一方（要么是借方，要么是贷方），其总账设置了借方和贷方，借方发生额与贷方发生额相等，将明细账的当月发生额与总账任何一方的当月发生额核对即可。

如果多栏明细账结账时使用的是“本年累计”，应将月末结转金额（当月最后一行红字）作为当月发生额。

如果多栏明细账记录中间有红字，会导致该账户明细账与总账当月发生额对不上。这是因为对应记账凭证上的这个金额本应记在多栏明细账的借方（或贷方），但多栏明细账未设置借方（或贷方），只好用红字记在多栏明细账的贷方（或借方），计算明细账当月发生额时把这个金额抵减掉了（红字视为负数），而总账根据科目汇总表登记，不改变这个金额的方向，依然计入借方（或贷方）。发生这种情况，应查看相应的记账凭证。如果记账凭证上的金额是蓝（黑）字，多栏明细账登记为红字，应在该账户当月发生额上增加这个数字；如果记账凭证上的金额是红字，多栏明细账也登记为红字，不用调整该账户当月发生额。

二、查找并更正错账

对账过程中如果发现账簿记录有错误，应将错误查找出来，并按规定方法进行更正。一旦产生错账，千万不能放过，更不能随意更改账簿记录，我们一定要养成有错必纠的良好品质。

（一）查找错账

我们在将20×2年1月份应收账款明细账与总账核对时发现存在错账，可以断定“应收账款”总账和明细账中至少有一个记录有误。我们可以尝试用以下方法去查找错账。

1. 差数法

20×2年1月份应收账款明细账余额为1 143 000.00元，总账余额为243 000.00元，差额为900 000.00元。“900 000.00”在20×2年1月份的记账凭证和账簿中没有出现过，用差数法不能找出错账。

2. 除2法

我们将差额900 000.00元除以2，结果为450 000.00元。“450 000.00”在20×2年1月份的记账凭证和账簿中也没有出现过，用除2法也不能找出错账。

3. 除9法

我们将差额900 000.00元除以9，结果为100 000.00元。“100 000.00”正好是“应收账款——汉口家具商场”明细账中的一个数字，我们查看对应的记账凭证，20×2年1月16日第17号凭证（参见项目四中图4—13），凭证记录“应收账款——汉口家具商场”贷方金额1 000 000.00元，明细账上记成了“100 000.00”，少记900 000.00。我们发现“应收账款——汉口家具商场”明细账中的这笔记录是错账。

如果把“应收账款——汉口家具商场”明细账上的“100 000.00”改为“1 000 000.00”，20×2年1月份贷方发生额相应改为“1 000 000.00”，1月末余额为贷方96 000.00元。20×2年1月份“应收账款——汉阳家具商场”明细账余额为借方339 000.00元，应收账款明细账合计（相抵）余额为借方243 000.00元，与总账相符。

相关知识与说明

查找错账的方法是根据人们容易发生的错误总结出来的，每一种方法对应一定的错误。差数法是用两个金额相减，得出差额，查找相应记账凭证和账簿中有无与差额相同的数字，可能是这个数字漏记或重记造成的；除 2 法是将差额除以 2，查找相应记账凭证和账簿中有无与商相同的数字，可能是这个数字的借贷方向记反造成的；除 9 法是将差额除以 9，查找记账凭证和账簿中有无与商、商的 10 倍或 1/10 相同的数字，可能是数字错位造成（如“4 000”记成“400”，相差 3 600，除以 9 得 400），如果差额可用 9 除尽，可能是数字颠倒造成（如“2 430”记成“2 340”，相差 90，可用 9 除尽）。

上述查找错账的方法不一定每次奏效，会计人员养成严谨、细致的作风，才能减少差错。登记账簿时一定要及时在记账凭证或科目汇总表上做记号，以防漏记或重记，登记后再检查一遍，防止记错。

（二）更正错账

发现错账应当及时按规定方法进行更正。

对于“应收账款——汉口家具商场”明细账中的错误，我们应采用划线更正法进行更正，如图 9—20 所示。

明细分类账　　总页　　分页

一级科目：应收账款　　　　子目或户名：汉口家具商场

20×2年 月	日	凭证 字	号	摘要	借方（千百十万千百十元角分）	贷方（千百十万千百十元角分）	借或贷	余额（千百十万千百十元角分）
				上年结转			借	45200000
1	5	记	5	销售桌椅	22600000			
	16	记	17	收货款		100000000 ~~10000000~~ 李明		
	20	记	24	销售桌椅	22600000			
				本月合计	45200000	100000000 ~~10000000~~	贷 ~~借~~	李明 9600000 ~~82800000~~

图 9—20　更正错账示例

相关知识与说明

一、错账

错账有两种，一是记账凭证错误导致的账簿记录错误，二是账簿记录与记账凭证不符。

对于第二种情况，即使记账凭证本身是错误的，而账簿记录又恰好是正确的（符合真实情况），也应认定为错账，因为记账必须根据记账凭证进行。

二、错账更正方法

错账更正

会计上对错账更正有规定的方法，分为划线更正法、补充登记法和红字更正法，应根据具体情况选用。

（一）划线更正法

如果账簿记录与记账凭证的金额不符，应用划线更正法对账簿记录进行更正。划线更正法的操作方法参见项目五任务二中“错账更正”。

（二）补充登记法

补充登记法适用于记账凭证的金额小于应记金额并已据此登记入账的情形。操作方法是另外编制一张记账凭证，在“摘要”栏中注明“补充×月×日×字×号凭证少记金额”，所用会计科目与原记账凭证相同，借贷方向也与原记账凭证一致，但金额为少记金额，然后据此登记入账。

（三）红字更正法

红字更正法有两种做法。

一种适用于记账凭证错误并已据此登记入账的情形。操作方法是先编制一张与错误凭证相同的记账凭证，在“摘要”栏中注明“冲销×月×日×字×号凭证”，金额用红笔书写，并据此登记入账，将账簿上错误记录冲销，再按正常做法编制一张正确的记账凭证，在“摘要”栏中注明“更正×月×日×字×号凭证”，并据此登记入账。

另一种适用于记账凭证所用会计科目无误只是所记金额大于应记金额的情形。操作方法是编制一张记账凭证，在“摘要”栏中注明“冲销×月×日×字×号凭证多记金额”，金额用红笔书写，并据此登记入账。这种做法通常叫做红字冲销法。

红字更正法可代替补充登记法，先编制一张记账凭证冲销原记录，再编制一张正确的记账凭证，两张记账凭证同时登记入账。采用补充登记法或红字更正法所编制的记账凭证列入下次科目汇总表。

如果在登记明细账后发现记账凭证错误，该记账凭证尚未编入科目汇总表，可将这张记账凭证作废，并用红笔将这张记账凭证对应的账簿记录整体划掉，也可在账簿该行记录上加盖“此笔作废”印章，然后填制正确的记账凭证并登记入账。如果该记账凭证已编入科目汇总表，应用红字更正法进行更正。

补充登记法和红字更正法用于当年错账更正，不能跨年。如果发现上年记账错误（记账凭证错误，否则对账时会发现），通常涉及上年损益，这时应通过“以前年度损益调整”账户调整。

学生练习

如果 20×2 年 1 月份对账时发现错误，请查找并更正错账。

任务三　账簿换页

一个账户的记录可能较多，而账页行数有限，这就产生了账簿换页问题。为了体现账户记录的连续性，账簿换页有一定规范。

20×2 年 2 月份，我们在登记生产成本明细账时就遇到账簿换页问题。我们登记了几笔业务，账页只剩下最后一行，如图 9—21 所示（右半部分无内容，略去）。这种情况下，我们应分两步处理。

第一步：“过次页”。我们在该账页最后一行“摘要”栏写上“过次页”（有的账簿已印好），然后将本月登记的金额分栏汇总，将汇总金额写在最后一行，如图 9—22 所示（右半部分略）。

第二步：“承前页”。我们在紧接着的空白账页上按前一账页填写年份，借、贷方，项目等内容，然后在账页第一行“摘要”栏写上“承前页”，并将“过次页”的金额抄写在对应栏中，如图 9—23 所示（右半部分略）。

生产成本 明细分类账

产品名称：桌椅

20×2年 月	日	凭证 字	号	摘要	借方（千百十万千百十元角分）	（借）方金额分析：直接材料（千百十万千百十元角分）	直接人工（千百十万千百十元角分）	制造费用（千百十万千百十元角分）	（千百十万千百十元角分）
1	4	记	2	制作车间领用材料	2304000	2304000			
	4	记	3	油漆车间领用材料	840000	840000			
	12	记	12	制作车间领用材料	1918000	1918000			
	12	记	13	油漆车间领用材料	390000	390000			
	19	记	19	制作车间领用材料	2126000	2126000			
	19	记	20	油漆车间领用材料	750000	750000			
	26	记	30	制作车间领用材料	1732000	1732000			
	26	记	31	油漆车间领用材料	390000	390000			
	27	记	37	分配职工中餐费	1560000		1560000		
	30	记	44	分配本月工资	26600000		26600000		
	30	记	45	计提工会经费	532000		532000		
	30	记	46	计提“五险一金”	11118800		11118800		
	31	记	47	分配制造费用	6399250			6399250	
	31	记	48	产品完工入库	56660050	10450000	39810800	6399250	
				本月合计	56660050	10450000	39810800	6399250	
2	2	记	2	制作车间领用材料	1846000	1846000			
	2	记	3	油漆车间领用材料	650000	650000			
	9	记	12	制作车间领用材料	1598000	1598000			
	9	记	13	油漆车间领用材料	360000	360000			
	15	记	21	制作车间领用材料	1764000	1764000			
				过次页					

图9-21 过次页前的账簿记录

月	日	字	号	摘要	借方	直接材料	直接人工	制造费用	
	[illegible]	[illegible]	[illegible]	[illegible]	11118800		11118800		
	31	记	47	分配制造费用	6399250			6399250	
	31	记	48	产品完工入库	56660050	10450000	39810800	6399250	
				本月合计	56660050	10450000	39810800	6399250	
2	2	记	2	制作车间领用材料	1846000	1846000			
	2	记	3	油漆车间领用材料	650000	650000			
	9	记	12	制作车间领用材料	1598000	1598000			
	9	记	13	油漆车间领用材料	360000	360000			
	15	记	21	制作车间领用材料	1764000	1764000			
				过次页	6218000	6218000			

图9-22 账簿“过次页”

生产成本 明细分类账

产品名称：桌椅

20×2年		凭证		摘要	借方	（借）方金额分析			
						直接材料	直接人工	制造费用	
月	日	字	号		千百十万千百十元角分	千百十万千百十元角分	千百十万千百十元角分	千百十万千百十元角分	千百十万千百十元角分
				承前页	6218000	6218000			

图9-23 账簿“承前页”

相关知识与说明

一、“过次页”与“承前页”

“过次页”“承前页”是为了体现账户记录的连续性，说明后一账页承接前一账页，表现为后一账页的第一行数字与前一账页最后一行数字一样。因此，需要找到一个或一组与账户记录相关的数字。这种数字主要有两种：一是该账户（到“过次页”行之前）本年发生额，二是该账户（到“过次页”行之前）当月发生额。第一种的优点是任何情况下“过次页”都一样处理，缺点是计算量大；第二种相反，计算量小，但不同情况下“过次页”做法有所不同。本教材采用第二种做法。

“过次页”和“承前页”在账簿上应当成对出现。

二、不同情况下“过次页”

用本月发生额数字“过次页”，遇到不同情况应采取不同的处理办法。

1. 当月有发生额

如果“过次页”的当月账户中已有几行记录，则将这几行记录的金额相加，得出当月发生额，作为“过次页”的数字，如图9—22所示。

如果正好在“过次页”行要结账，则照常“过次页”，然后进行结账。

2. 当月没有发生额

如果“过次页”行的上一行是结账行，刚结账后就要“过次页”，则在借方和贷方的元、角、分位上都写“0”，增值税明细账写在借方和贷方的“合计”栏，多栏明细账写在合计金额栏，表示当月发生额为0.00元。

3. 多栏明细账结转（分配）后“过次页”

如果多栏明细账“过次页”行的上一行是结转行（红字），则按蓝（黑）字“过次页”，然后进行结账。

4. 数量金额明细账“过次页”

数量金额明细账的处理方法与三栏明细账相同，可合计数量，也可不合计数量，单价不能合计。

任务四　年度结账

会计年度终了时必须对账户进行年结。年结区分是否进行过月结，分情况处理。

一、进行过月结的账户

对于进行过月结的账户，比如“银行存款”总账，我们在账户记录最后一个月的结账行下加划一条(加上已有的一条，共两条)通栏红线，接着在下一行摘要栏中写上“结转下年”，并将余额抄下来，如图 9—24 所示。

总 分 类 账　　第1号

科目：银行存款

20×2年 月	日	凭证 字	号	摘要	借方（千百十万千百十元角分）	贷方（千百十万千百十元角分）	借或贷	余额（千百十万千百十元角分）	核对
				上年结转			借	275637949	
1	21	汇	1	记账凭证第1号至第25号汇总	153900000	78406776			
	31	汇	2	记账凭证第26号至第52号汇总		8682346			
				本月合计	153900000	87089122	借	342448827	
2	16	汇	3	记账凭证第1号至第25号汇总	68900000	72278796			
	28	汇	4	记账凭证第26号至第53号汇总	50000000	11174738			
				本月合计	118900000	83453534	借	377895293	
12	18	汇	5	记账凭证第1号至第25号汇总	95030000	73342030			
	31	汇	6	记账凭证第26号至第57号汇总	62616810	10699510			
				本月合计	157646810	84041540	借	451500563	
				结转下年			借	451500563	
				过次页					

图 9—24　账簿年结示例一

对于没有余额的账户，比如“应付账款——武汉焕新包装材料公司”，我们加划一条通栏红线即可，如图 9—25 所示。

明细分类账

总页　　分页

一级科目：应付账款　　　　子目或户名：武汉焕新包装材料公司

20×2年 月	日	凭证 字	号	摘要	借方（千百十万千百十元角分）	贷方（千百十万千百十元角分）	借或贷	余额（千百十万千百十元角分）
1	28	记	38	购包装材料		847500		
	28	记	39	付货款	847500			
				本月合计	847500	847500	平	θ
2	26	记	36	购包装材料		847500		
	26	记	37	付货款	847500			
				本月合计	847500	847500	平	θ
12	25	记	35	付货款	847500			
	25	记	36	购包装材料		847500		
				本月合计	847500	847500	平	θ
				过次页				

图 9—25　账簿年结示例二

二、没有进行过月结的账户

没有进行过月结的账户，当年没有发生额（否则要进行月结），只有上年结转记录，比如“实收资本——刘远行”，我们直接在账簿记录行下划两条通栏红线，在下一行摘要栏中写上“结转下年”，并将余额抄下来，如图 9—26 所示。

明细分类账

总页　　分页

一级科目：实收资本　　　　子目或户名：刘远行

20×2年 月	日	凭证 字	号	摘要	借方（千百十万千百十元角分）	贷方（千百十万千百十元角分）	借或贷	余额（千百十万千百十元角分）
				上年结转			贷	500000000
				结转下年			贷	500000000

图 9—26　账簿年结示例三

相关知识与说明

一、年结方法

账户年结应当划两条通栏红线，表示封账，即当年账户记录到此为止，下面不能再有记录。对于有余额的账户，年结时必须"结转下年"，余额可以不抄。

如果在"过次页"行的上一行进行了本年最后月份的月结，不再"过次页，"直接在结账行下加划一条通栏红线封账，如果有余额，在"过次页"行"结转下年"。

"结转下年"与"上年结转"成对出现，即上年有"结转下年"，下年更换账簿时要有"上年结转"。

二、简易结账法下的年结

总账、三栏明细账、数量金额明细账和增值税明细账可以使用简易结账法，年结时在账户最后一行记录下划两条通栏红线，如果有余额则"结转下年"。

项目十

编制会计报表

学习目标：

1. 能熟练编制小型企业的资产负债表和利润表。

2. 熟悉会计报表的概念和分类，了解会计报表的使用者，掌握资产负债表和利润表的编制方法，理解会计信息质量要求。

3. 增强服务意识，实事求是，公平对待会计报表的使用者。

任务清单

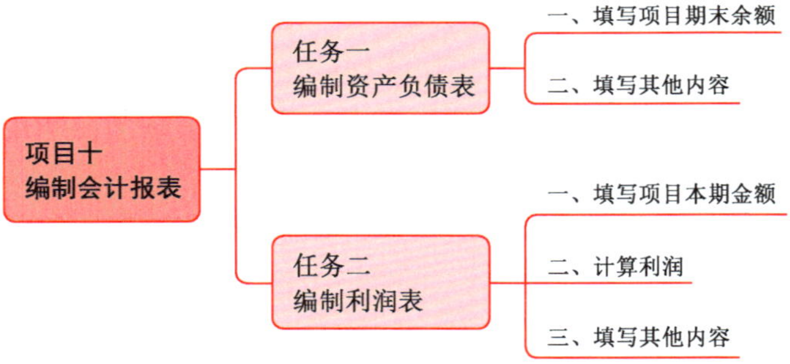

任务一　编制资产负债表

我们已完成 20×2 年 1 月份的结账和对账工作，现在就可以编制资产负债表了。我们应就楚风公司所涉及的内容，分两个步骤进行编制。

在编制会计报表的过程中，我们一定要遵守准则，不弄虚作假，为会计报表的使用者提供真实、有用的信息资料。

一、填写项目期末余额

资产负债表项目期末余额的填写可分为以下几种情况。

（一）根据对应总账账户余额填写

下列项目有对应总账账户，项目期末余额直接根据对应总账账户月末余额填写。

1.“应付职工薪酬”

20×2 年 1 月末，“应付职工薪酬”总账账户余额为贷方 295 245.00 元，如图 10－1 所示。我们将此金额填入“应付职工薪酬”期末余额栏目中。

总　分　类　账　　　　第27号

科目：应付职工薪酬

20×2年 月	日	凭证 字	号	摘　要	借　方	贷　方	借或贷	余　额	核对
				上年结转			贷	300915.00	
1	21	汇	1	记账凭证第1号至第25号汇总	607836.00	78015.00			
	31	汇	2	记账凭证第26号至第52号汇总	20310.00	544461.00			
				本月合计	628146.00	622476.00	贷	295245.00	

图 10－1　“应付职工薪酬”总账记录

2.“应交税费”

20×2 年 1 月末，“应交税费”总账账户余额为贷方 142 030.76 元，我们将此金额填入“应交税费”期末余额栏目中。

3.“实收资本”

20×2 年 1 月末，“实收资本”总账账户余额为贷方 15 000 000.00 元，我们将此金额填入“实收资本”期末余额栏目中。

（二）根据相关总账账户余额计算填写

下列项目涉及多个总账账户，需要根据相关总账账户月末余额计算填写。

1.“货币资金”

“货币资金”在此按“银行存款”总账账户的余额填列。20×2 年 1 月末“银行存款”总账余额为 3 424 488.27 元，我们将此金额填入“货币资金”期末余额栏目中。

2.“存货”

“存货”在此按“原材料”、“库存商品”和“生产成本”总账账户的月末余额合计数填写。20×2 年 1 月末，“原材料”总账月末余额为 90 492.00 元，“库存商品”总账月末余额为 608 805.50 元，“生产成本”总账月末没有余额，合计金额为 699 297.50 元，将此合计金额填入“存货”期末余额栏目中。

3.“固定资产”

“固定资产”在此按“固定资产”总账账户余额与“累计折旧”总账账户余额的差额填写。20×2 年 1 月末，“固定资产”总账账户余额为 7 444 800.00 元，“累计折旧”总账余额为 1 953 383.72 元，两者差额为 5 491 416.28 元。我们将此差额填入“固定资产”期末余额栏目中。

4.“无形资产”

“无形资产”在此按“无形资产”总账账户余额与“累计摊销”总账账户余额的差额填写。20×2 年 1 月末，“无形资产”总账账户余额为 6 000 000.00 元，“累计摊销”总账余额为 550 000.00 元，两者差额为 5 450 000.00 元。我们将此差额填入“无形资产”期末余额栏目中。

5.“未分配利润”

“未分配利润”应按“本年利润”和“利润分配”总账账户余额合计填写。20×2 年 1 月末，“本年利润”总账账户余额为贷方 312 435.64 元，“利润分配”总账余额为借方 425 178.55 元，两者合计(相抵)余额为借方 112 742.91 元。我们在 “未分配利润”期末余额栏目中填入“－112 742.91”。

(三)根据相关明细账账户余额分析填写

下列项目都涉及两个总账账户下的明细账户，需要根据相关明细账户月末余额方向分析填写。

1.“应收账款”

“应收账款”在此按“应收账款”和“预收账款”明细账户借方余额合计填写。20×2 年 1 月末，“应收账款——汉阳家具商场”明细账户有借方余额 339 000.00 元(参见项目九中图 9－6)，“预收账款——武昌家具商场”明细账户有借方余额 67 000.00 元，如图 10－2 所示，两者合计为 406 000.00 元，我们将此合计金额填入“应收账款”期末余额栏中。

2.“预付款项”

“预付款项”在此按“预付账款”和“应付账款”明细账户借方余额合计填写。20×2 年 1 月末，“预付账款——武汉茂源标准件公司”明细账户有借方余额 5 650.00 元，“应付账款”明细账中没有借方余额，因此，我们在“预付款项”期末余额中填写“5 650.00”。

3.“应付账款”

“应付账款”在此按“应付账款”和“预付账款”明细账户贷方余额合计填写。20×2 年 1 月末，“应付账款——武汉佳禾木材公司”明细账户有贷方余额 39 369.20 元，“应付账款——武汉七彩油漆公司”明细账户有贷方余额 16 950.00 元，“预付账款”明细账中没有贷方余额，两项合计金额为 56 319.20 元，我们将此合计金额填入“应付账款”期末余额栏中。

明细分类账

总页 | 分页

一级科目：预收账款　　　　子目或户名：武昌家具商场

20×2年		凭证		摘要	借方										贷方										借或贷	余额									
月	日	字	号		千	百	十	万	千	百	十	元	角	分	千	百	十	万	千	百	十	元	角	分		千	百	十	万	千	百	十	元	角	分
				上年结转																					贷			1	8	5	0	0	0	0	0
1	7	记	9	销售桌椅			2	2	6	0	0	0	0	0																					
	21	记	25	收货款													2	0	0	0	0	0	0	0											
	23	记	29	销售桌椅			2	2	6	0	0	0	0	0																					
				本月合计			4	5	2	0	0	0	0	0			2	0	0	0	0	0	0	0	借				6	7	0	0	0	0	0

图 10—2 “预收账款——武昌家具商场”明细账户记录

4.“预收款项”

“预收账款”在此按“预收账款”和“应收账款”明细账户贷方余额合计填写。20×2 年 1 月末，“预收账款”明细账中没有贷方余额，“应收账款——汉口家具商场”明细账户有贷方余额 96 000.00 元，我们将此金额填入“预收账款”期末余额栏中。

二、填写其他内容

（一）填写合计金额

我们将对应项目期末余额汇总，即可得到资产负债表各项“合计”金额，将各项“合计”金额填写在对应的期末余额栏中。

（二）填写上年年末余额

资产负债表的“上年年末余额”可以从上年 12 月份资产负债表的期末余额栏中抄写过来。

（三）填写表头

我们在资产负债表上的编制单位处填写“武汉楚风家具有限公司”，将时间填写为“20×2 年 01 月 31 日”。

经过以上工作，我们编制出楚风公司 20×2 年 1 月份的资产负债表（在此选用财政部 2019 年 4 月 30 日发布的，适用于已执行新金融准则、新收入准则和新租赁准则企业的会计报表，后面的利润表也属于这种情况），如表 10—1 所示（空白栏对应的项目，楚风公司都不存在）。

表 10—1 资产负债表 会企 01 表

编制单位：武汉楚风家具有限公司 20×2 年 01 月 31 日 单位：元

资　产	期末余额	上年年末余额	负债和所有者权益（或股东权益）	期末余额	上年年末余额
流动资产：			流动负债：		
货币资金	3 424 488.27	2 756 379.49	短期借款		
交易性金融资产			交易性金融负债		
衍生金融资产			衍生金融负债		
应收票据			应付票据		
应收账款	406 000.00	791 000.00	应付账款	56 319.20	63 506.00
应收款项融资			预收款项	96 000.00	185 000.00
预付款项	5 650.00	5 650.00	合同负债		
其他应收款			应付职工薪酬	295 245.00	300 915.00
存货	699 297.50	746 500.00	应交税费	142 030.76	164 528.00
合同资产			其他应付款		
持有待售资产			持有待售负债		
一年内到期的非流动资产			一年内到期的非流动负债		
其他流动资产			其他流动负债		
流动资产合计	4 535 435.77	4 299 529.49	流动负债合计	589 594.96	713 949.00
非流动资产：			非流动负债：		
债权投资			长期借款		
其他债权投资			应付债券		
长期应收款			其中：优先股		
长期股权投资			永续债		
其他权益工具投资			租赁负债		
其他非流动金融资产			长期应付款		
投资性房地产			预计负债		
固定资产	5 491 416.28	5 529 240.96	递延收益		
在建工程			递延所得税负债		
生产性生物资产			其他非流动负债		
油气资产			非流动负债合计		
使用权资产			负债合计	589 594.96	713 949.00
无形资产	5 450 000.00	5 460 000.00	所有者权益（或股东权益）：		
开发支出			实收资本（或股本）	15 000 000.00	15 000 000.00
商誉			其他权益工具		
长期待摊费用			其中：优先股		

续表

资　产	期末余额	上年年末余额	负债和所有者权益（或股东权益）	期末余额	上年年末余额
递延所得税资产			永续债		
其他非流动资产			资本公积		
非流动资产合计	10 941 416.28	10 989 240.96	减:库存股		
			其他综合收益		
			专项储备		
			盈余公积		
			未分配利润	−112 742.91	−425 178.55
			所有者权益(或股东权益)合计	14 887 257.09	14 574 821.45
资产总计	15 476 852.05	15 288 770.45	负债和所有者权益(或股东权益)总计	15 476 852.05	15 288 770.45

相关知识与说明

一、会计报表

(一)会计报表的概念

会计报表简称报表，有广义和狭义之分，广义的会计报表是指向有关方面提供综合会计信息的表格。狭义的会计报表也称财务报表或财务会计报表，是指在日常会计核算资料的基础上，按照规定的格式、内容和方法定期编制的，综合反映企业某一特定日期财务状况和某一特定时期经营成果、现金流量的书面文件。

(二)会计报表的分类

会计报表按不同标志可分成不同的类别，主要有以下几种分类方法。

1. 按反映的内容划分

会计报表按其反映的内容，可以分为动态报表和静态报表。动态报表也称时期报表，是反映企业一定时期内经营成果和现金流量的会计报表，利润表属于动态会计报表。静态报表也称时点报表，是反映企业在一定日期资产和权益总额的会计报表，资产负债表属于静态会计报表。

2. 按编报的时间划分

会计报表按其编报的时间，可以分为月份报表、季度报表、半年度报表和年度报表。月份报表和年度报表是必须的，季度报表和半年度报表根据需要编制。

3. 按编制的范围划分

会计报表按其编制的范围,可以分为个别会计报表和合并会计报表。个别会计报表是指仅仅反映一个会计主体情况的报表;合并会计报表是将多个具有控股关系的会计主体的情况合并编制的会计报表。

4. 按使用的范围划分

会计报表按其使用的范围,可以分为对内报表和对外报表。对内报表是指为企业内部经营管理服务而编制的不对外公开的会计报表,它不要求统一格式,没有统一指标体系,如产品成本报表就属于对内报表。对外报表是指企业为满足国家宏观经济管理部门和其他有关会计信息使用者对会计信息的需求而编制的会计报表,它要求有统一的报表格式、指标体系和编制时间等,资产负债表和利润表均属于对外报表。对外报表可对内使用,对内报表不对外使用。企业对外报送会计报表时应在单位名称上加盖公章。

(三)会计报表的格式

对外会计报表的格式由国家财政部门统一规定,分为表头和表体两部分。表头包括表名、编制单位、报表日期、报表编号、计量单位等,表体内容一般包括项目和金额。同一报表不同时期项目可能有所不同,财政部会不时进行调整。在非正式场合以及没有特别要求的情况下,可以使用简化的会计报表。

对外会计报表除了资产负债表和利润表,还有其他报表,每种报表的内容都很多,编制难度较大,本教材只是对资产负债表和利润表进行了简单说明,很多内容未涉及。关于各种会计报表的编制方法,请查阅财务会计书籍。

(四)会计报表的编制要求

企业对外报表的编制应当满足一定要求。企业对内报表的编制要求由报表使用人提出。

1. 格式规范

对外会计报表必须使用国家财政部门统一规定的最新格式,不得擅自更改和简化,也不应使用过时的会计报表格式。但报表接受者(如税务机关、银行)给定了报表格式的,可按其给定格式编制。

2. 内容完整

在规定格式的会计报表中,凡是企业涉及的项目都要填写,不能有遗漏。

3. 数字真实

会计报表中的每一个数字都必须是真实可靠的,必须根据相关账簿记录填写,不得编造。

4. 计算准确

会计报表中的一些项目金额需要经过计算得出,计算时应反复核对,避免差错。

5. 报送及时

企业应当在规定的时间内将会计报表提供给相关单位或部门，不得延误。

二、财务会计报告

（一）财务会计报告的概念

财务会计报告又称会计报告或财务报告，是与会计报表密切相关的一个概念。《会计法》和《企业会计准则》都使用“财务会计报告”。财务会计报告是指企业对外提供的，反映企业某一特定日期财务状况和某一特定时期经营成果、现金流量等会计信息的书面文件。

（二）财务会计报告与会计报表的关系

财务会计报告和会计报表都是由会计人员编制的，对外提供会计信息的书面文件，从概念上看，财务会计报告与狭义的会计报表基本相同，因此人们通常将两者等同而不加区别。

严格说来，财务会计报告与会计报表是有区别的。《会计法》规定：“财务会计报告由会计报表、会计报表附注和财务情况说明书组成。”会计报表是财务会计报告的主干部分，会计报表附注是对会计报表中的某些内容进行详细说明，财务情况说明书是对会计报表未能披露的内容进行补充说明。会计报表有对外会计报表和对内会计报表之分，对内会计报表不包括在财务会计报告中的会计报表之内。因此，财务会计报告与会计报表并不等同，它们共同的、主要的内容是对外会计报表。相对而言，财务会计报告较为郑重，要求规范、全面，用于特别正式的场合。

（三）财务会计报告使用者

编制财务会计报告的目的是为财务会计报告使用者提供其所需信息资料。财务会计报告使用者包括企业管理层、投资者、债权人、政府及其有关部门和社会公众等，其中企业管理层和投资者为内部使用者，其他为外部使用者。

会计人员应当增强服务意识，实事求是，公平对待会计报表的使用者。

1. 企业管理层

企业管理层主要指企业的高级管理人员，他们实际管理着企业，参与企业各项生产经营活动，需要对企业投资者和有关方面负责。财务会计报告所反映的内容是企业管理层的工作业绩，与其获得的报酬有直接关系。企业管理层必须清楚企业财务状况、经营成果、现金流量等各方面情况，以便做出正确决策。

2. 企业投资者

企业投资者主要关心投资风险和投资报酬。他们需要通过财务会计报告了解企业财务状况、经营成果、现金流量等方面情况，以评判投资风险和投资报酬，监督企业管理层，决定企业重大问题。

3. 企业债权人

企业债权人主要关心企业能否按期偿还债务。他们需要通过财务会计报告了解企业财务状况、经营成果、现金流量等方面情况，以评判债权风险，采取相应措施。

4. 政府及其有关部门

政府及其有关部门作为“社会管理者”，需要通过财务会计报告监督每个企业的经营活动，掌握整个社会的经济运行情况，以维护经济秩序，收取税费，制定经济政策，促进经济发展。

5. 社会公众

社会公众作为企业潜在投资者和债权人，需要通过财务会计报告了解企业相关情况，以便做出有关决策。

三、资产负债表

(一)资产负债表的概念

资产负债表是反映企业在某一特定日期财务状况的会计报表。资产负债表反映企业在某个时期末资产、负债和所有者权益的总额及其构成情况。

资产负债表

(二)资产负债表的理论依据和结构

资产负债表的理论依据是“资产＝负债＋所有者权益”。

资产负债表在结构上分为左右两方，左边为资产，右边为负债和所有者权益，资产和负债都按流动性大小排列，资产负债表左右两方应当平衡。

(三)资产负债表的编制

资产负债表的项目很多，资产负债表的编制较为复杂，这里仅对楚风公司涉及的项目并根据该公司的实际情况进行简单说明。关于资产负债表编制的详细说明请查阅财务会计书籍。

任务二　编制利润表

我们现在可以根据损益类账户记录编制20×2年1月份的利润表了。我们应就楚风公司所涉及的内容，分3个步骤进行编制。

一、填写项目本期金额

利润表项目本期金额的填写可分为以下几种情况。

(一)根据相关明细账户本月发生额合计数填写

下列项目涉及多个明细账户,需要根据相关明细账户本月发生额填写。

1.“营业收入”

“营业收入”的本期金额应按“主营业务收入”和“其他业务收入”明细账户本月发生额合计数填列。楚风公司 20×2 年 1 月份只有“主营业务收入”,其本月发生额为 1 100 000.00 元,如图 10—3 所示。我们将此金额填入“营业收入”本期金额栏中。

主营业务收入 明细分

20×2年 月	日	凭证 字	号	摘要	贷方（千百十万千百十元角分）	（
1	5	记	5	销售桌椅	20000000	
	6	记	7	销售桌椅	15000000	
	7	记	9	销售桌椅	20000000	
	20	记	24	销售桌椅	20000000	
	21	记	26	销售桌椅	15000000	
	23	记	29	销售桌椅	20000000	
	31	记	51	结转	110000000	
				本年累计	110000000	

图 10—3 “主营业务收入”明细账户记录

2.“营业成本”

“营业成本”的本期金额应按“主营业务成本”和“其他业务成本”明细账户本月发生额合计数填列。楚风公司 20×2 年 1 月份只有“主营业务成本”,其本月发生额为 608 795.00 元,我们将此金额填入“营业成本”本期金额栏中。

(二)根据对应明细账户本月发生额填写

下列项目有对应明细账户,项目本期金额直接根据对应明细账户本月发生额填写。

1.“税金及附加”

楚风公司 20×2 年 1 月份“税金及附加”明细账户的发生额为 15 217.58 元,我们将此金额填入“税金及附加”本期金额栏中。

2.“销售费用”

楚风公司 20×2 年 1 月份“销售费用”明细账户的发生额为 13 955.95 元,我们将此金额填入“销售费用”本期金额栏中。

3.“管理费用”

楚风公司 20×2 年 1 月份“管理费用”明细账户的发生额为 149 595.83 元,我们将此金额填入“管理费用”本期金额栏中。

4.“财务费用”

楚风公司20×2年1月份“财务费用”明细账户没有发生额，“财务费用”本期金额栏不填。

5.“所得税费用”

楚风公司20×2年1月份“所得税费用”明细账户没有发生额，“所得税费用”本期金额栏不填。

二、计算利润

我们根据利润表上的提示分别计算营业利润、利润总额和净利润，并填写在对应的本期金额栏中。

三、填写其他内容

（一）填写项目上期金额

各项目的“上期金额”可以从上期利润表的“本期金额”中查找。

（二）填写表头

我们在利润表上的编制单位处填写“武汉楚风家具有限公司”，将时间填写为“20×2年01月”。

经过以上工作，我们编制出楚风公司20×2年1月份的利润表，如表10—2所示（其中“上期金额”略去）。

表10—2　　利润表　　会企02表

编制单位：武汉楚风家具有限公司　　20×2年01月　　单位：元

项　目	本期金额	上期金额
一、营业收入	1 100 000.00	
减：营业成本	608 795.00	
税金及附加	15 217.58	
销售费用	13 955.95	
管理费用	149 595.83	
研发费用		
财务费用		
其中：利息费用		
利息收入		
加：其他收益		

续表

项　目	本期金额	上期金额
投资收益(损失以"—"号填列)		
其中:对联营企业和合营企业的投资收益		
以摊余成本计量的金融资产终止确认收益(损失以"—"号填列)		
净敞口套期收益(损失以"—"号填列)		
公允价值变动收益(损失以"—"号填列)		
信用减值损失(损失以"—"号填列)		
资产减值损失(损失以"—"号填列)		
资产处置收益(损失以"—"号填列)		
二、营业利润(亏损以"—"号填列)	312 435.64	
加:营业外收入		
减:营业外支出		
三、利润总额(亏损总额以"—"号填列)	312 435.64	
减:所得税费用		
四、净利润(净亏损以"—"号填列)	312 435.64	
(一)持续经营净利润(净亏损以"—"号填列)		
(二)终止经营净利润(净亏损以"—"号填列)		
五、其他综合收益的税后净额		
(一)不能重分类进损益的其他综合收益		
1.重新计量设定受益计划变动额		
2.权益法下不能转损益的其他综合收益		
3.其他权益工具投资公允价值变动		
4.企业自身信用风险公允价值变动		
……		
(二)将重分类进损益的其他综合收益		
1.权益法下可转损益的其他综合收益		
2.其他债权投资公允价值变动		
3.金融资产重分类计入其他综合收益的金额		
4.其他债权投资信用减值准备		
5.现金流量套期储备		
6.外币财务报表折算差额		

续表

项　目	本期金额	上期金额
……		
六、综合收益总额		
七、每股收益		
（一）基本每股收益		
（二）稀释每股收益		

相关知识与说明

一、利润表

（一）利润表的概念

利润表

利润表是反映企业在某一特定期间经营成果的会计报表。利润表反映企业在某一特定期间取得的收入、发生的费用和实现利润或亏损情况。

（二）利润表的理论依据和结构

利润表的理论依据是“收入－费用＝利润”。

利润表的结构有两种，即单步式和多步式。单步式是将收入和费用分别汇总，然后计算出利润。多步式则分步计算出营业利润、利润总额和净利润。我国采用多步式。

（三）利润表的格式

实际工作中使用的利润表有两种格式。一种是表10—2所示的格式，可称之为“上期格式表”，通常在编制季度、半年度和年度利润表时使用，可进行前后时期对比。另一种是将表10—2中的“上期金额”改为“本年累计金额”（到本月为止的本年发生额），可称之为“累计格式表”，通常在编制月份利润表时使用，可反映本年到目前为止的收入、费用和利润情况。

对于一般企业，如果没有特别要求，利润表项目可列到“净利润”为止。

（四）利润表的编制

编制利润表一般根据多栏明细账进行，多栏明细账中的结转金额即为本期发生额，“本年累计”可用来填写“本年累计金额”。

多栏明细账与对应总账的发生额不一定能对上（参见项目九中关于多栏明细账与对应总账核对的说明），因此，根据总账编制利润表不太方便，容易出现差错。

这里仅对楚风公司涉及的项目并根据该公司的实际情况进行简单说明。关于利润表编制的详细说明请查阅财务会计书籍。

二、会计信息质量要求

会计信息质量要求

会计信息质量要求是对财务会计报告所提供的会计信息的基本要求，是会计工作应当遵循的基本原则，是为了更好地服务于财务会计报告的使用者。会计信息质量要求主要有以下几方面。

(一)可靠性

《企业会计准则》规定："企业应当以实际发生的交易或者事项为依据进行会计确认、计量和报告，如实反映符合确认和计量要求的各项会计要素及其他相关信息，保证会计信息真实可靠、内容完整。"这就是会计信息的可靠性要求。可靠性也称真实性或客观性，要求会计人员如实反映企业实际情况，不歪曲事实，不隐瞒真相，不偏向某一方。

会计人员应当将符合会计要素定义及其确认条件的资产、负债、所有者权益、收入、费用和利润在财务会计报告中如实反映。如果财务会计报告所提供的会计信息是不可靠的，就会给财务会计报告使用者的决策产生误导，使得财务会计报告使用者遭受损失。

(二)相关性

《企业会计准则》规定："企业提供的会计信息应当与财务会计报告使用者的经济决策需要相关，有助于财务会计报告使用者对企业过去、现在或者未来的情况作出评价或者预测。"这就是会计信息的相关性要求。相关性也称有用性，要求企业提供的会计信息是财务会计报告使用者所关注或应该关注的。

会计信息要有用，必须以可靠为基础，与财务会计报告使用者决策相关的有用信息都应当充分披露。

(三)可理解性

《企业会计准则》规定："企业提供的会计信息应当清晰明了，便于财务会计报告使用者理解和使用。"这就是会计信息的可理解性要求。可理解性也称明晰性，要求企业提供的会计信息能让财务会计报告使用者明白所反映的内容。可理解性假定使用者具有一定的会计专业知识。

(四)可比性

《企业会计准则》规定："企业提供的会计信息应当具有可比性。同一企业不同时期发生的相同或者相似的交易或者事项，应当采用一致的会计政策，不得随意变更。确需变更的，应当在附注中说明。不同企业发生的相同或者相似的交易或者事项，应当采用规定的会计政策，确保会计信息口径一致、相互可比。"这就是会计信息的可比性要求。可比性要求企业提供的会计信息能使得不同企业相同时期可比，同一企业不同时期可比。"同一企业不同时期发生的相同或者相似的交易或者事项，应当采用一致的会计政策"称为"一致性原则"或

"一贯性原则"。

（五）实质重于形式

《企业会计准则》规定："企业应当按照交易或者事项的经济实质进行会计确认、计量和报告，不应仅以交易或者事项的法律形式为依据。"这就是会计信息的实质重于形式要求。

企业发生的交易或事项在多数情况下，其经济实质和法律形式是一致的。但在有些情况下，会出现不一致。例如，企业按照销售合同销售商品但又签订了售后回购协议，虽然从法律形式上实现了收入，但如果企业没有将商品所有权上的主要风险和报酬转移给购货方，没有满足收入确认的各项条件，即使签订了商品销售合同或者已将商品交付给购货方，也不应当确认销售收入。

（六）重要性

《企业会计准则》规定："企业提供的会计信息应当反映与企业财务状况、经营成果和现金流量等有关的所有重要交易或者事项。"这就是会计信息质量的重要性要求。

如果一项会计信息未报或错报会给财务报告使用者带来不利影响，该信息就具有重要性。对于重要的信息，应当单独反映，重点说明。会计信息的重要性需要依赖职业判断，会计人员应当根据其所处环境和实际情况，从项目的性质和金额大小两方面加以判断。

（七）谨慎性

《企业会计准则》规定："企业对交易或者事项进行会计确认、计量和报告应当保持应有的谨慎，不应高估资产或者收益、低估负债或者费用。"这就是会计信息质量的谨慎性要求。

在市场经济环境下，企业的生产经营活动面临着许多风险和不确定性，如应收款项的可收回性、固定资产的使用寿命、售出商品可能发生的退货或者返修等。会计信息质量的谨慎性要求会计人员在面临不确定性因素的情况下作出职业判断时，应当保持应有的谨慎，充分估计到各种风险和损失，即不高估资产或者收益，不低估负债或者费用。

（八）及时性

《企业会计准则》规定："企业对于已经发生的交易或者事项，应当及时进行会计确认、计量和报告，不得提前或者延后。"这就是会计信息质量的及时性要求。

会计信息的价值在于帮助财务报告使用者作出经济决策，具有时效性。如果不及时提供，就失去了时效性，不能被财务报告使用者及时利用，甚至会给财务报告使用者带来损失。会计人员应当按照国家规定的有关时限，及时编制财务报告并传递给财务报告使用者。

项目十一

会计资料整理归档

学习目标：

1. 能对会计资料规范进行整理和归档。

2. 熟悉会计资料整理的内容和方法，认识会计档案，知晓会计档案保管要求。

3. 以负责的态度，认真做好工作，做一个合格的会计人员，在自己的工作岗位上为国家做出贡献。

任务清单

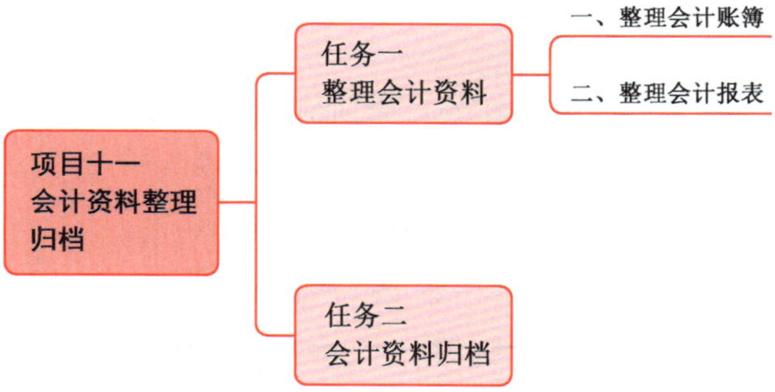

任务一　整理会计资料

会计资料的内容包括单独装订的原始凭证、记账凭证、会计账簿、会计报表以及其他有关资料。其中原始凭证、记账凭证和其他资料应在平时进行整理，年度终了后主要整理会计账簿和会计报表。

我们应当以认真、负责的态度整理会计资料，确保资料真实、完整，经得起检查，做一个合格的会计人员。

一、整理会计账簿

20×2 年终了后，我们应当按以下步骤对会计账簿进行整理。

（一）检查账簿结账情况

会计年度结束，账簿记录应当是完整的，每个账户应当都进行了年度结账。我们应当对每个账户进行检查，如果发现有未结账的，应进行结账。

（二）注销或抽出空白页

订本式账簿中间如果有空白页，应予以注销。活页式账簿的空白页（两面都空白）可直接从账簿中抽出，不能抽出的应注销，如图 11—1 所示。

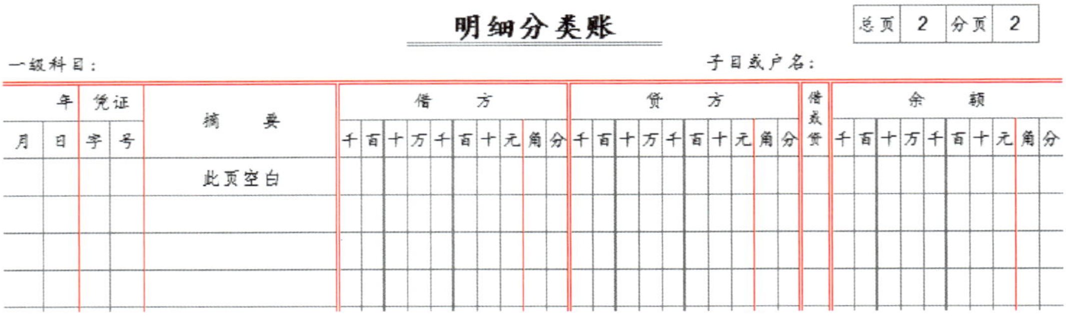
明细分类账

总页 2 分页 2

一级科目：　　　　子目或户名：

年		凭证		摘要	借方	贷方	借或贷	余额
月	日	字	号		千百十万千百十元角分	千百十万千百十元角分		千百十万千百十元角分
				此页空白				

图 11—1　空白页注销示例

（三）账页编号

活页式账簿的账页应当编页码。在编页码前应当将同类账户调整到一起，然后按账页顺序进行编号。

对于三栏明细账，我们对账页编号的结果如表 11—1 所示。

表 11—1　　三栏明细账账页编号表

总页	分页	一级科目	子目或户名	备　注
1	1	应收账款	汉阳家具商场	
2				此页空白
3	3	应收账款	汉口家具商场	
4	1	预付账款	武汉茂源标准件公司	
5	1	累计折旧		
6	1	无形资产		
7	1	累计摊销		
8	1	应付账款	武汉佳禾木材公司	

续表

总页	分页	一级科目	子目或户名	备　注
9	2	应付账款	武汉佳禾木材公司	
10	3	应付账款	武汉七彩油漆公司	
11	4	应付账款	武汉焕新包装材料公司	
12	5	应付账款	武汉福盛钢材公司	
13	1	预收账款	武昌家具商场	
14	1	应付职工薪酬	职工工资	
15	2	应付职工薪酬	职工福利费	
16	3	应付职工薪酬	工会经费	
17	4	应付职工薪酬	职工养老保险	
18	5	应付职工薪酬	职工医疗保险	
19	6	应付职工薪酬	职工失业保险	
20	7	应付职工薪酬	职工工伤保险	
21	8	应付职工薪酬	职工生育保险	
22	9	应付职工薪酬	职工住房公积金	
23	1	应交税费	应交城市维护建设税	
24	2	应交税费	应交教育费附加	
25	3	应交税费	应交地方教育附加	
26	4	应交税费	应交企业所得税	
27	1	实收资本	刘远行	
28	2	实收资本	张开新	
29	3	实收资本	钱必清	
30	4	实收资本	赵伟	
31	5	实收资本	周祥	
32	1	本年利润		
33	1	利润分配	未分配利润	
34				此页空白

(四)补填账簿启用表

活页式账簿的账簿页数在账簿启用时不能确定，账页编号后应补填上去。我们将账簿页数补填在三栏明细账的账簿启用表中，如图 11－2 所示。

账簿启用表										
单位名称	武汉楚风家具有限公司									（印章：武汉楚风家具有限公司）
账簿编号	字第　号第　册　共　册									
账簿页数	本账簿共计 34 页　号									
启用日期	20×2 年 1 月 2 日									
经管人员		接管			移交			会计负责人		备注
姓名	盖章	年	月	日	年	月	日	姓名	盖章	
李明										

图 11—2　补填后的账簿启用表

（五）编制账簿目录

一本账簿中有多个账户的，应编制账簿目录，以便查阅。我们根据账页编号对三栏明细账编制目录，如图 11—3 所示。

目录					
科目	编号	起讫页码	科目	编号	起讫页码
应收账款		1-3			
预付账款		4			
累计折旧		5			
无形资产		6			
累计摊销		7			
应付账款		8-12			
预收账款		13			
应付职工薪酬		14-22			
应交税费		23-26			
实收资本		27-31			
本年利润		32			
利润分配		33			

图 11—3　三栏明细账账簿目录

（六）装订账簿

一个会计年度终了，账簿记录全部了结，账页不再增加、减少或更换，我们应当将活页式账簿装订成订本式账簿。

相关知识与说明

账簿页码分为总页码和分页码，总页码是将该账簿所有账页按一个顺序编号，分页码是将该账簿中的最高级别账户各自按一个顺序编号。

会计年度终了，活页式账簿应当装订成订本式账簿，使得账页固定下来，不得再增加、减少和更换账页。活页账簿装订时撤掉账夹，用牛皮纸做封面、封底，装订成册。三栏式明细账、多栏式明细账、数量金额式明细账分开装订。在账簿封面上填写好所属年度及账簿名称、编号，会计主管人员和装订人（经办人）签章。会计账簿的封口要严密，封口处要加盖有关印章。还要对账簿进行编号，账簿编号一年一编，编号顺序为总账、现金日记账、银行存款日记账、各类明细账。

实际工作中，很多会计人员没有装订活页式账簿。

二、整理会计报表

20×2 年终了后，我们应当从以下几方面对会计报表进行整理。

（一）检查会计报表是否完整

会计年度结束，会计报表应当是完整的，本年度各个月份的报表、年度报表，资产负债表、利润表和其他报表，都应当是齐全的。如果发现欠缺，应编制补充。

（二）加具会计报表封面

我们对年度报表加具会计报表封面，由有关人员签名，单位盖章，如图 11—4 所示。

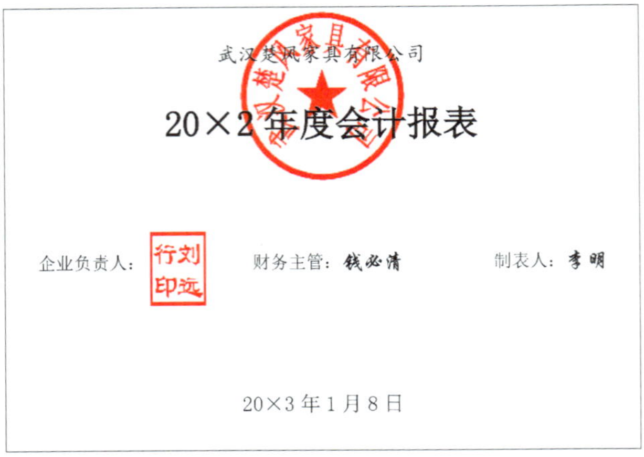

武汉楚风家具有限公司

20×2 年度会计报表

企业负责人：刘远印行　　财务主管：钱必清　　制表人：李明

20×3 年 1 月 8 日

图 11—4　会计报表封面

（三）装订会计报表

我们将楚风公司 20×2 年的会计报表按时间顺序、报表编号顺序进行排列，在前面加上封面，然后装订成本。

相关知识与说明

装订会计报表时，月份会计报表、季度或半年会计报表、年度会计报表应分开装订，月份和季度会计报表按时间顺序整理，同一月份或季度的会计报表按报表编号顺序排列，加具报表封面，然后装订成本。

会计报表如果需要对外报送或作为档案保存，应当规范整理，加具正规封面，装订成本。只在企业内部传阅的会计报表不需要太规范。

平时应注意对会计资料的整理，以保证会计资料规范、齐全，防止丢失。年终对会计资料的整理，主要是查漏补缺，有序存放。

任务二　会计资料归档

一个会计年度终了后，应将当年全部会计资料归档保存，建立会计档案。

我们应当将楚风公司 20×2 年度全部会计资料按照档案管理的要求进行统一的分类、

编号、登记和存放，按照会计档案的保管要求和期限对会计档案进行保管。

我们应本着对工作负责、对历史负责的态度，认真做好会计档案工作，在自己的工作岗位上为国家做出贡献。

相关知识与说明

一、会计档案的意义

会计档案

会计档案是记录和反映企事业单位经济业务发生情况的重要史料和证据，属于单位的重要经济档案。会计档案是国家档案的重要组成部分，它是对一个单位经济活动的记录和反映，通过会计档案，可以了解每项经济业务的来龙去脉；可以检查一个单位是否遵守财经纪律，在会计资料中有无弄虚作假、违法乱纪等行为。会计档案还可以为国家、单位提供详尽的经济资料，为国家制定宏观经济政策及单位进行经营决策提供参考。

二、会计档案的编号

会计档案的编号须遵循一定的编码规则，一般按照“全宗号＋目录号＋案卷号”的格式，采用汉语拼音字母与阿拉伯数字相结合的办法编号，在会计资料上标明。

全宗号一般由政府档案局规定，政府所属单位的全宗号从档案局查询。企业，尤其民营企业由单位自主确定，如果单位规模不大，可以不用全宗号。

目录号一般按“大类编码＋小类编码＋年度＋目录顺序号”格式编制。企业有多种档案，会计档案是其中一个大类，可编为“KJ”大类。会计档案分为会计凭证、会计账簿、会计报告和其他会计资料，称属类，可分别用1、2、3、4表示。属类下可以进一步分成小类，如会计账簿分为总账、现金日记账、银行存款日记账、三栏明细账、多栏明细账、数量金额明细账和增值税明细账，可分别用1、2、3、4、5、6、7表示。小类编码之间、小类编码和年度之间用“.”号分隔。目录顺序号是指在同一类别和年度下的顺序，从1开始编号，如1月份记账凭证顺序号为1，2月份记账凭证顺序号为2。在年度和目录顺序号之间用“—”号连接。

案卷号依自然顺序从1开始连续编号。案卷号与目录号之间用“—”号连接。

比如，楚风公司20×2年1月份第1本记账凭证可编为“KJ1.20×2—1—1”，三栏明细账可编为“KJ2.4.20×2—1—1”。

有的记账凭证封面上印有档案号填写栏，对于这种记账凭证封面，在建立会计档案时应补填全宗号、目录号和案卷号。比如，楚风公司20×2年12月份第2本记账凭证的全宗号可填写为“QY”、目录号可填写为“KJ1.20×2—12”、案卷号可填写为“2”。

账簿启用表中一般印有账簿编号，用来建立会计档案，应当按照会计档案编码规则填写"××字第×号第×册共×册"。这里的"字"是指目录号的类别编码和年度，"号"是指目录顺序号，"第×册共×册"是指这类账簿共有几册，本册账簿是其中第几册。

三、会计档案的保管

会计档案一般由企业档案管理部门负责保管，但上年度的会计档案可由会计(财务)部门暂时保管一年。没有档案管理部门的，由会计(财务)部门负责保管。

《会计档案管理办法》对会计档案保管期限进行了规定，如表11—2所示。

表11—2 企业会计档案保管期限表

序号	档案名称	保管期限	备　注
一	会计凭证		
1	原始凭证	30年	
2	记账凭证	30年	
二	会计账簿		
3	总账	30年	
4	明细账	30年	
5	日记账	30年	
6	固定资产卡片	5年	固定资产报废清理完算起
7	其他辅助性账簿	30年	
三	财务会计报告		
8	月度、季度、半年度财务会计报告	10年	
9	年度财务会计报告	永久	
四	其他会计资料		
10	银行存款余额调节表	10年	
11	银行对账单	10年	
12	纳税申报表	10年	
13	会计档案移交清册	30年	
14	会计档案保管清册	永久	
15	会计档案销毁清册	永久	
16	会计档案鉴定意见书	永久	

会计档案的保管期限不应短于国家规定的期限。会计档案的保管期限从会计年度终了后的第一天算起(固定资产卡片除外)。

(一)根据相关明细账户本月发生额合计数填写

下列项目涉及多个明细账户,需要根据相关明细账户本月发生额填写。

1.“营业收入”

“营业收入”的本期金额应按“主营业务收入”和“其他业务收入”明细账户本月发生额合计数填列。楚风公司 20×2 年 1 月份只有“主营业务收入”,其本月发生额为 1 100 000.00 元,如图 10—3 所示。我们将此金额填入“营业收入”本期金额栏中。

主营业务收入 明细分

20×2年		凭证		摘要	贷方										(												
月	日	字	号		千	百	十	万	千	百	十	元	角	分	千	百	十	万	千	百	十	元	角	分	千	百	十
1	5	记	5	销售桌椅			2	0	0	0	0	0	0	0													
	6	记	7	销售桌椅			1	5	0	0	0	0	0	0													
	7	记	9	销售桌椅			2	0	0	0	0	0	0	0													
	20	记	24	销售桌椅			2	0	0	0	0	0	0	0													
	21	记	26	销售桌椅			1	5	0	0	0	0	0	0													
	23	记	29	销售桌椅			2	0	0	0	0	0	0	0													
	31	记	51	结转		1	1	0	0	0	0	0	0	0													
				本年累计		1	1	0	0	0	0	0	0	0													

图 10—3 “主营业务收入”明细账户记录

2.“营业成本”

“营业成本”的本期金额应按“主营业务成本”和“其他业务成本”明细账户本月发生额合计数填列。楚风公司 20×2 年 1 月份只有“主营业务成本”,其本月发生额为 608 795.00 元,我们将此金额填入“营业成本”本期金额栏中。

(二)根据对应明细账户本月发生额填写

下列项目有对应明细账户,项目本期金额直接根据对应明细账户本月发生额填写。

1.“税金及附加”

楚风公司 20×2 年 1 月份“税金及附加”明细账户的发生额为 15 217.58 元,我们将此金额填入“税金及附加”本期金额栏中。

2.“销售费用”

楚风公司 20×2 年 1 月份“销售费用”明细账户的发生额为 13 955.95 元,我们将此金额填入“销售费用”本期金额栏中。

3.“管理费用”

楚风公司 20×2 年 1 月份“管理费用”明细账户的发生额为 149 595.83 元,我们将此金额填入“管理费用”本期金额栏中。

